성령님이 주도하시는
제자훈련

성령님이 주도하시는 제자훈련

"우리는 올바른 출발점에 다시 서야 합니다"

노경모 지음

좋은땅

서문

저는 어려서부터 성경을 가까이 했고, 성경을 좋아했고, 성경을 사랑했던 것 같습니다. 교회 주일학교와 중고등부 때에 항상 성경 공부를 했고, 성경퀴즈대회가 있을 때에는 항상 참여하여 좋은 성적을 내곤 했습니다.

1972년 1월 광주중앙교회에서 제29회 전국 SFC 동기수양회가 열렸습니다. SFC(Students For Christ, 학생신앙운동)는 하나님 중심, 성경 중심, 교회 중심을 목표로 하는 한국의 대표적인 개혁주의 기독학생 선교 단체를 말합니다.

거기서 저는 대학부 부문 성경퀴즈대회에서 1등을 했습니다. 전국 대회에서, 그것도 성경 지식을 겨루는 대회에서 1등을 했다니 얼마나 기뻤는지 모릅니다. 54년이 지났지만 그때 입상한 상장을 지금도 보관하고 있습니다. 이 수상이 나중에 저를 목회자로 나아가게 한 하나의 동력이 되었습니다.

교회 대학부와 청년부를 다니면서 주로 대학생선교회(CCC)와 네비게이토선교회(The Navigators)에서 발간된 성경 공부 교재를 가지고 소그룹별로 성경 공부를 했고, 소그룹의 리더로서 이를 인도하기도 했습니다.

그 당시에는 '제자훈련'이라든지 '제자훈련 교재'라는 말을 교회에서 흔히들 사용하지 않을 때였지만 지금 생각하면 그러한 교재를 통해서 제자훈련을 받았고 제자훈련을 하기도 했다는 생각이 듭니다.

이러한 중에 저의 인생에서 획기적인 전환점이 된 일이 있었습니다. 1971년, 제가 대학교 1학년 때였습니다. 제가 소속된 기독교 동아리에서 매주 한 번씩 모여서 예배를 드렸는데, 그날은 학교 건너편에 있는 교회에 모여서 예배를 드렸습니다. 그 예배에 설교를 하러 오신 분이 계셨는데 그분은 성경을 보따리에 싸 가지고 오셨습니다. 왜 성경을 보따리에 싸 가지고 오셨을까 궁금했습니다. 그 보따리를 푸는데 거기에는 낡은 성경이 있었습니다. 너무 낡아서 바닥에 떨어지기만 하면 여러 조각으로 분리가 되어 흩어질 것 같았습니다. 저는 그날 그분을 처음 보게 되었고 그분의 은혜로운 설교를 처음 들었습니다. 그분이 바로 서울 서초동 사랑의교회를 개척하여 거의 한국교회 최초로 제자훈련을 하셨고 한국 교회에 제자훈련으로 큰 영향을 끼치신 옥한흠 목사님이었습니다. 제가 그 당시 만났을 때에는 강도사님이었고, 2010년에 하나님의 부르심을 받아 소천하셨습니다.

그분을 만난 것은 하나님의 은혜였고, 하나님의 축복이라는 것을 그 당시에는 잘 몰랐지만 한참 시간이 흐른 후에야 깨달았습니다.

저는 사회생활을 하다가 1988년에 뒤늦게 총신대학교 신학대학원에 입학하게 되었습니다. 신학대학원 1학년 때 사랑의교회에서 주일학교 교육전도사를 뽑는다는 공고가 나왔습니다.

저는 나이도 많아 서류심사에서부터 안될 것 같았습니다. 사랑의교회는 많은 사람들이 배우고 사역하고 싶어하는 교회여서 경쟁률도 만만치 않을 것이라 자신이 없었습니다. 그래도 담대하게 이력서를 내고 지원을 했는데 정말로 하나님의 은혜로 저와 같이 부족한 사람이 사랑의교회에서 사역을 할 수 있는 길이 열리게 되었습니다.

얼마나 감격스럽고 감사한지 말로 다 할 수가 없었습니다. 그 사랑의교회에서 교육전도사로 그렇게 존경하고 배우고 싶고 만나고 싶었던 옥한흠 목사님을 17년 만에 다시 만나게 된 것입니다. 하나님의 전적인 은혜였습니다. 특히 저는 제자훈련을 옥한흠 목사님으로부터 간절히 배우고 싶었던 터라 그 꿈이 이루어진 것입니다.

많은 선배 목사님들이 한 교회에 너무 오래 있지 말라, 5년 정도이면 그 교회에서 배울 수 있는 것을 다 배우게 되니, 사역지를 옮길 수 있으면 옮기는 것이 좋다는 말씀을 많이 하셨습니다. 그러나 저는 13년 동안 사랑의교회에서 옥한흠 목사님과 동역자들로부터 너무나 많은 것을 배웠습니다.

저는 국제제자훈련원에서 하는 제자훈련지도자세미나를 받고 난 뒤부터 사랑의교회 제자훈련 사역을 시작했습니다. 사랑의교회에서 10년여 제자훈련과 사역훈련을 하면서 내 자신이 큰 은혜와 도전을 받았고, 제자훈련생과 사역훈련생 한 사람 한 사람이 변화되면서 예수님의 제자로 세워지는 것을 보고 감격하지 않을 수 없었습니다.

저를 인정해 주시고 제자훈련의 중심사역을 맡겨주신 옥한흠 목사님께 감사하지 않을 수 없었습니다. 옥한흠 목사님은 사랑의교회 '훈련분과 디렉터'라는 중요한 일을 저에게 맡기셨습니다. 이 일은 사랑의교회 제자훈련의 처음부터 끝까지를 계획하고 진행하고 관리하고 지도하는 사역이었습니다. 5년 동안 이 사역을 하면서 사랑의교회 제자훈련을 폭넓게 알게 되었고, 제자훈련에서 가르쳐야 할 내용뿐만 아니라 이 제자훈련이 어떻게 시작되고, 진행되고, 마무리되어야 하는지, 그리고 팔로업(후속 양육)까지 어떻게 해야 하는지를 배우게 되었습니다.

'제자훈련 팔로업'이라고 하면 제자훈련 과정이 끝난 후에도 훈련생들이 배운 내용을 삶 속에 지속적으로 적용하고, 신앙 안에서 성장하도록 돕기 위한 일련의 활동을 뜻합니다.

사랑의교회에서 제자훈련을 마친 것으로 끝나는 것이 아니라 훈련을 마친 분들의 적성과 은사를 참조해서 사역반으로 올려 보내게 됩니다. 사랑의교회 순장으로, 혹은 사랑의교회 안팎에서 그리스도의 이름으로 봉사하실 분이 봉사자로 훈련을 받게 되는 과정입니다. 제자훈련을 마친 성도들이 주님의 몸 된 교회와 사회를 섬기기 위해 리더십과 소양을 갖추도록 돕는 제자훈련 심화 과정이라고 말할 수 있습니다.

저는 제자훈련뿐만 아니라, 남순장반과 여자 직장인 순장반을 섬기기도 했고, 디지털 사역실을 담당하기도 했습니다.

어느 날 옥 목사님께서 저를 부르셨습니다. 사랑의교회가 처음 개척해서부터 지금까지 제자훈련을 해 왔는데, 초창기 때에 했던 제자훈련에 대한 기록과 문서 그리고 영상들이 남아 있지 않다는 것이었습니다. 그래서 이것들을 찾아내고 분류하고 정리해서 문서와 영상으로 집대성하라는 큰 임무를 주셨습니다. 그리고 이 일을 위해서 필요한 인적 자원들을 허락해 주셨습니다. 그래서 '사랑의교회 제자훈련 콘텐츠개발연구실'이 출범했습니다.

사랑의교회 초창기 때에 제자훈련을 시켰거나 받았던 분들을 인터뷰하고, 흩어져있던 문서를 찾아내고, 영상으로 기록하는 방대한 작업을 1년여에 걸쳐 진행했습니다. 완성된 자료는 인터넷에 올려 사랑의교회 제자훈련에 대해서 한국 교회와 목회자들에게 공개하기도 했습니다.

사랑의교회에서는 'CAL세미나(Called To Awaken the Laity, 평신도를 깨운다 제자훈련지도자세미나)'에 참여했던 목회자들을 위해 '제자훈련체험학교'를 운영했습니다. 세미나를 통해 받은 뜨거운 마음이 지식으로만 끝나지 않고 개교회의 실제 제자훈련으로 이어지도록, 목회자들이 직접 훈련생이 되어 12~13주간 실질적인 훈련을 받는 과정이었습니다. 이 과정이 제자훈련지도자세미나를 받았던 목회자들이 실제로 개교회에서 제자훈련을 하는데 큰 동기부여와 실질적인 도움이되었다고 합니다. 저는 이 제자훈련체험학교를 여러 차례에 걸쳐 인도하기도 했고 국제제자훈련원에서 컨설턴트로 수년간 섬겼습니다.

저는 사랑의교회와 제가 개척한 교회에서 오랫동안 제자훈련을 해오면서, '이렇게 하면 열매가 더 풍성한 제자훈련이 될 텐데', '어떻게 하면 더 많은 변화를 가져오는 제자훈련이 될까?', '어떻게 하면 하나님이 더 원하시는 역동적인 제자훈련이 될까?' 하는 생각들을 하게 되었고, 오랫동안 고민하게 되었습니다. 그리고, 그에 대한 깨달음을 성령님께서 주셨습니다. 깨닫게 된 것들을 말씀드린다는 것이 참 조심스럽지만 성령님의 감동과 지시하심 때문에 부족하나마 겸손하게 나누고자 합니다.

이 책이 나오기까지 수고해 주신 분들이 계십니다. 사랑의교회 설립자이시고, 한국 교회 제자훈련에 큰 영향력을 끼치신 저의 멘토가 되어 주셨던 고(故) 옥한흠 목사님께 먼저 감사드립니다. 그리고, 13년 동안 사랑의교회에서 땀과 눈물을 쏟으면서 함께 제자훈련을 위해서 불철주야 헌신하신 동역자들, 여러 가지 조언과 격려를 해 주신 목사님들, 기도로 지원을 아끼지 않으신 함께하는교회 성도님들께도 감사를 드립니다. 마지막으로, 사랑하는 김영심 사모, 뒤에서 응원하고 수고해 준 사랑하는 자녀들에게 감사의 마음을 전합니다. 모든 영광 하나님께 올려 드립니다.

2026년 3월
노경모 목사

차례

PART 1

제자훈련의 기초와 성령의 임재

1장

'제자훈련'이란 무엇을 말하는가?

'제자훈련(Discipleship Training)'이란 예수 그리스도의 제자가 되도록 도와주는 신앙훈련을 말합니다. '제자'라는 용어는 신약성경 공관복음서와 사도행전에서 발견되는데, 예수 그리스도를 믿고 따르는 자들, 곧 삶 속에서 신앙을 실천하는 사람들을 가리킵니다. 이 용어는 1887년 신약 성경 번역 이후부터 이미 사용되었고, 한국 개신교 초기인 19세기 말에서 20세기 초의 설교와 문헌에서도 일반적으로 쓰이던 성경 용어였습니다.

한국 교회 안에서 제자훈련은 1960년대 중반 대학생 선교 단체들을 중심으로 먼저 싹을 틔웠습니다. 그러나 당시만 해도 '제자훈련'이라는 말은 주로 선교단체에서 사용하는 용어였기 때문에, 기존 교회에서는 그 말을 사용하는 것을 꺼리는 분위기가 있었습니다. 심지어 "우리는 당연히 예수님의 제자인데, 무슨 제자훈련을 받아야 한단 말인가?" 하고 이상하게 여기는 사람들도 적지 않았습니다.

이러한 상황 속에서 제자훈련을 지역 교회 목회의 핵심 원리로 도입하여 공식화한 선구자가 바로 고(故) 옥한흠 목사였습니다. 성도교회 사역자로 섬기던 시절, 그는 선교단체에서 하던 제자훈련을 교회 환경에 맞도록 새롭게 재구성하여 적용하기 시작했고 구체적으로는 네비게이토(The Navigators)의 성경 공부 교재와 대학생선교회(CCC)의 전도 모델을 잘 결합하여 제자훈련을 이끌어 나갔습니다. 처음에는 성도교회에서조차 정착시키는 것이 쉽지 않았으나, 끈질긴 헌신과 노력 끝에 제자훈련은 차츰 뿌리를 내리며 열매를 맺기 시작했습니다.

성도교회 대학부의 제자훈련이 유명해지면서 많은 교회들이 탐방을 가서 배우기 시작했고, 한국 교회에 신선한 충격을 주며 영향력을 끼쳐 나갔습니다. 필자도 충현교회 대학부에서 신앙생활을 하던 시절, 옥한흠 목사님이 지도하고 있던 성도교회 대학부가 제자훈련으로 유명하다는 소식을 듣고 탐방을 간 적이 있었습니다. 그곳에서 받은 도전과 배움은 지금도 기억에 남습니다.

이후 옥한흠 목사님은 1978년 강남은평교회라는 이름으로 교회를 개척했고(1981년 사랑의교회로 개명), 이를 계기로 교회에서의 제자훈련이 본격적으로 활성화되기 시작했습니다. 사랑의교회를 통해 '평신도를 깨우는 제자훈련'의 전형이 한국 교회 전반에 뿌리내리게 되었고, 이는 한국 교회 목회 패러다임에 큰 변화를 가져왔습니다.

이처럼 제자훈련의 역사적 흐름을 살펴보고 나면, 자연스럽게 한 가지 질문으로 돌아오게 됩니다. 과연 제자훈련이란 성경적으로 무엇을 의미하는가. 제자훈련의 성경적 근거로 가장 먼저 꼽히는 말씀은 예수님의 지상명령인 마태복음 28장 19-20절입니다. 이제 그 말씀으로 돌아가 제자훈련의 본질을 다시 한번 살펴보고자 합니다.

> "그러므로 너희는 가서 모든 민족을 제자로 삼아 아버지와 아들과 성령의 이름으로 세례를 베풀고 내가 너희에게 분부한 모든 것을 가르쳐 지키게 하라 볼지어다 내가 세상 끝날까지 너희와 항상 함께 있으리라 하시니라"

예수님이 제자들에게 하신 지상명령인 '가서', '제자로 삼아', '세례를 베풀고', '가르쳐 지키게 하라'는 동사들의 원문을 보면 주동사는 '제자 삼으라'이고 다른 동사들은 주동사에 연결되어 있음을 알 수 있습니다. 그러므로 예수님의 이 지상명령의 핵심은 '제자 삼으라'는 것이고 나머지 동사들은 이 제자 삼는 일을 위해서 해야 하는 연결된 사역임을 알 수 있습니다.

이 말씀을 보면 '제자훈련은 무엇인가?'라는 질문에 대해 '가르치고 지키게 하는 것이다'라고 답할 수 있습니다.

또 다른 제자훈련에 대한 성경적 근거로 디모데후서 2장 2절을 말합니다.

> "또 네가 많은 증인 앞에서 내게 들은 바를 충성된 사람들에게 부탁

하라 그들이 또 다른 사람들을 가르칠 수 있으리라"

여기서 '충성된 사람들에게 부탁하라'는 말은 '충성된 사람들을 제자훈련하라'라는 뜻이고, '또 다른 사람들을 가르칠 수 있다'라는 말도 '또 다른 사람들을 제자훈련할 수 있다'라고 범위를 넓혀서 해석할 수 있습니다. 그렇다면 무엇을 가지고 제자훈련을 하라는 말인가? 사도 바울은 제자훈련의 내용에 대해서 아주 간단하게 말하고 있는데, '내게 들은 바' 즉 '바울이 디모데에게 가르친 내용들'이라는 것입니다.

여기서도 제자훈련이 무엇인가에 대해서 분명하게 그 내용을 파악하기는 힘듭니다. 바울이 디모데에게 했던 말, 가르친 내용들을 다른 사람에게 부탁하거나 가르치는 것이 제자훈련이라는 정도까지는 알 수 있는 것 같습니다.

제자훈련이 무엇인가에 대해서 성경에서 가장 잘 설명하고 있는 부분은 에베소서 4장 12절이라고 할 수 있습니다.

"이는 성도를 온전하게 하여 봉사의 일을 하게 하며 그리스도의 몸을 세우려 하심이라"

제자훈련이란 성도를 온전하게 해서 봉사의 일을 하도록 하고, 그리스도의 몸으로 세우는 것입니다. 여기서 '온전하게 한다'는 말은 부족함이나 오류가 없는 완전한 인격체로 만든다는 뜻이 아닙니다. '온전하게 하다'는 말은 '준비하다, 연단하다, 훈련하다'는 뜻이 있습니다. 그러므로 '말씀을 잘 가르치고 훈련해서 성숙해지도록 한다'는 뜻입니다.

'봉사의 일을 하도록 한다'는 말은, '교회와 지체인 성도들을 위하여 섬기도록 세운다'는 뜻입니다. '그리스도의 몸을 세운다'는 말은, '훈련 받고 양육 받은 자들이 교회 공동체에서 지체로 연결되어 주님의 몸 된 교회를 세워 나가는 것'을 말합니다. 에베소서 4장 16절은 이것을 말하고 있습니다.

"그에게서 온 몸이 각 마디를 통하여 도움을 받음으로 연결되고 결합되어 각 지체의 분량대로 역사하여 그 몸을 자라게 하며 사랑 안에서 스스로 세우느니라"

이런 것들을 다 종합 정리해 볼 때, 제자훈련이란, 예수님의 제자가 되도록 훈련시키는 것이요, 예수님이 하셨던 일들과 예수님이 명령하셨던 일들을 그대로 순종하여 이루어 드리도록 훈련시키는 것을 말합니다.

◀ 1장 요약 ▶

제자훈련이란 단순한 성경 공부나 지식 전달이 아니라, 성도를 예수 그리스도의 제자로 세우는 훈련입니다. 이 개념은 한국 교회에서 옥한

홈 목사를 통해 교회 현장에 본격적으로 적용되었으며, 그 뿌리는 대학생 선교단체에서 시작된 제자 양육 운동에 있습니다.

성경적으로 제자훈련의 핵심은 예수님의 지상명령인 마태복음 28장 19-20절에 나타난 '제자 삼으라'는 명령에 있으며, 가르치고 지키게 하는 모든 사역은 제자를 세우기 위한 과정입니다. 또한 디모데후서 2장 2절은 제자훈련이 세대를 넘어 재생산되는 사역임을 보여 줍니다.

에베소서 4장 12절은 제자훈련의 목적을 가장 분명하게 설명합니다. 성도를 준비시키고 훈련하여 봉사의 일을 하게 하며, 각 지체가 서로 연결되어 그리스도의 몸 된 교회를 세워 가도록 하는 것입니다. 따라서 제자훈련이란 예수님의 말씀과 명령에 순종하도록 사람을 변화시키고, 교회와 세상을 섬기는 성숙한 제자로 세워 가는 전인격적이고 지속적인 훈련을 말합니다.

▒ 질문 ▒

1. 내가 이해하고 실천해 온 '제자훈련'은 성경 지식 전달에 머물러 있었습니까? 아니면 삶과 사역으로 이어지는 제자로 세우는 것이었습니까?

2. 우리 교회의 제자훈련은 예수님의 제자 삼으라는 지상명령에 실제로 초점을 맞추고 있습니까? 아니면 프로그램 자체가 목적이 되어 버리지는 않았습니까?

3. 제자훈련을 통해 성도들이 봉사의 주체로 세워지고, 그리스도의 몸 된 교회를 실제로 세워 가고 있는 열매가 나타나고 있습니까?

2장

제자훈련 위에 성령의 기름을 부으라

확실한 날짜는 잘 모르지만, 제가 사랑의교회를 2001년도에 사임하였으니, 그보다 2~3년 전인 것으로 생각이 됩니다. 어느 날 새벽에 갑자기 잠에서 깨어났습니다. 제 속에서 들리는 강력하고도 부드러운 성령님의 음성 때문이었습니다. 그 음성은 "너는 무엇을 제일 잘 하느냐?"라는 질문이었습니다. 마치 어린 사무엘을 부르신 하나님의 음성도 이러하지 않았을까 하는 생각도 해 보았습니다.

저는 약간은 머뭇거리다가 이렇게 대답을 드렸습니다. "저는 이 교회에서 10년 이상 제자훈련 사역을 했으니 제자훈련을 잘 할 수 있습니다"라고 말씀을 드렸더니 "그러면 그 제자훈련 위에 성령의 기름을 부으라"라고 말씀하셨습니다. 그 말씀은 저에게 주시는 명령이요, 제가 해야 할 저의 사명임을 그 즉시 깨달을 수가 있었습니다. 마치 바울처럼 말입니다.

바울은 제2차 전도여행 때에 소아시아에서 복음을 전하고 싶었습니다. 그래서 무시아를 지나서 비두니아로 가고자 했습니다. 그런데 밤에 환상이 바울에게 보입니다. 마게도냐 한 사람의 음성을 듣습니다. "마게도냐로 건너와서 우리를 도우라"는 음성이었습니다. 이것은, 실은 마게도냐 한 사람의 음성이 아니라 성령님의 음성이었습니다. 바울은 소아시아로 가는 것이 하나님의 뜻이 아니라 마게도냐(유럽)로 가는 것이 하나님의 뜻이라는 것을 즉시 알았고 순종했습니다.

> 사도행전 16장 6-10절, "성령이 아시아에서 말씀을 전하지 못하게 하시거늘 그들이 브루기아와 갈라디아 땅으로 다녀가 무시아 앞에 이르러 비두니아로 가고자 애쓰되 예수의 영이 허락하지 아니하시는지라 무시아를 지나 드로아로 내려갔는데 밤에 환상이 바울에게 보이니 마게도냐 사람 하나가 서서 그에게 청하여 이르되 마게도냐로 건너와서 우리를 도우라 하거늘 바울이 그 환상을 보았을 때 우리가 곧 마게도냐로 떠나기를 힘쓰니 이는 하나님이 저 사람들에게 복음을 전하라고 우리를 부르신 줄로 인정함이러라"

'제자훈련 위에 성령의 기름을 부으라'는 말이 무슨 뜻인가?

왜 성령님이 이 말씀을 새벽에 저에게 주셨을까? 곰곰이 생각해 보았습니다. '기름'은 성경 전체에서 중요한 상징성을 갖고 있고, 특히 기름은 제사장, 선지자, 왕을 세울 때 붓는 용도로 사용되었습니다. 이 기름 붓는 행위는 거룩한 목적을 위해 그 사람을 구별하여 헌신을 하도록 세우는 것을 의미합니다. 구약성경에서는 성막과 그 안에 있는 기구들을 하나님께 바치기 위하여 거룩하게 구별할 때 기름을 발랐고, 제사장들의 의복을 거룩하게 구별하여 제사장의 직무 자체를 성별하기 위해서 제사장들의 옷에 기름을 발랐습니다.

출애굽기 29장 21절, "제단 위의 피와 관유를 가져다가 아론과 그의 옷과 그의 아들들과 그의 아들들의 옷에 뿌리라 그와 그의 옷과 그의 아들들과 그의 아들들의 옷이 거룩하리라"

제자훈련은 예수님의 명령을 지키기 위한 거룩한 목적을 위해서 사람들을 구별하여 세워 훈련시키는 것입니다. 이들은, 구별하여 세워지면 제사장이나 왕이나 선지자처럼 헌신을 해야 합니다. 그래서 제자훈련 위에 성령의 기름을 부으라고 말씀하신 것을 깨닫게 되었습니다.

하나님께 드리는 제사 중에 소제(素祭)가 있습니다. 소제는 곡식으로 드리는데 성결한 생애를 하나님께 약속하는 표시로 고운 밀가루와 기름과 유향을 불태우고 떡을 구워 놓고 드리는 제사입니다.

레위기 2장 1-2절, "누구든지 소제의 예물을 여호와께 드리려거든 고운 가루로 예물을 삼아 그 위에 기름을 붓고 또 그 위에 유향을 놓아 아론의 자손 제사장들에게로 가져갈 것이요 제사장은 그 고운 가루 한 움큼과 기름과 그 모든 유향을 가져다가 기념물로 제단 위에서 불사를지니 이는 화제라 여호와께 향기로운 냄새니라"

이렇게 고운 가루를 제물로 드릴 때는 기름을 섞어 잘 반죽해야 합니다. 그냥 반죽하면 뻑뻑합니다. 그러나 기름을 부으면 부드럽게 됩니다. 제자훈련도 하나님께 바치는 제물입니다. 하나님이 기쁘게 받으시는 제자훈련이 되어야 제자훈련의 의미가 있습니다. 하나님께서 우리가 하는 제자훈련을 기쁘게 받으시지 않는다면 제자훈련이 무슨 소용이 있겠습니까? 제자훈련을 내 힘과 경험과 지식과 자신감으로 한다면 제자훈련이 힘이 들고 뻑뻑해져서 잘 돌아가지가 않고 도리어 삐걱거릴 것입니다. 그러나 '제자훈련 위에 성령의 기름을 붓고, 제자훈련 구석구석에 성령의 기름을 바르면 얼마나 제자훈련이 부드럽고 아름답고 멋지게, 하나님이 기쁘게 받으시는 방향으로 진행되지 않을까?' 하는 생각이 들었습니다.

'성령의 기름 부음'이란 말에 대해서 너무 심각하게 생각하는 경향이 있는데, 그럴 필요가 없습니다. '성령의 기름 부음'을 성령의 임하심, 성령의 간섭하심, 성령의 가르치심, 성령의 주관하심으로 생각하면 됩니다. 성령의 기름 부으심이 있으면 우리는 모든 것을 정확하게 잘 알 수 있게 됩니다. 왜냐하면 성령님이 가르쳐주시기 때문입니다.

요한일서 2장 20절, "너희는 거룩하신 자에게서 기름 부음을 받고 모든 것을 아느니라"

성령님이 우리 가운데 거하시면, 성령님이 우리를 참되고 거짓이 없게 잘 가르치십니다. 인간이 가르치는 것과 비교가 되겠습니까?

요한일서 2장 27절, "너희는 주께 받은 바 기름 부음이 너희 안에 거하나니 아무도 너희를 가르칠 필요가 없고 오직 그의 기름 부음이 모든 것을 너희에게 가르치며 또 참되고 거짓이 없으니 너희를 가르치신 그대로 주 안에 거하라"

'아, 제자훈련 위에 성령의 기름을 부으라는 말이 이런 뜻이구나' 하는 생각이 들었습니다. '제자훈련 위에 성령의 기름이 부어지면 성령님이 가르치시니 제자훈련을 받는 사람들이 얼마나 잘 배우게 될까? 그 제자훈련을 통해서 어떤 놀라운 변화와 역사들이 일어나게 될까?' 저의 마음이 떨려오기 시작했습니다. 마치 이사야가 성전에서 하나님의 음성을 들은 것처럼 말입니다.

이사야 6장 8절, "내가 또 주의 목소리를 들으니 주께서 이르시되 내가 누구를 보내며 누가 우리를 위하여 갈꼬 하시니 그 때에 내가 이르되 내가 여기 있나이다 나를 보내소서 하였더니"

성령님으로부터 "제자훈련 위에 성령의 기름을 부으라"는 분명한 음성을 들으면서 제 자신의 사명에 대해 깊이 깨닫게 되었습니다. 이는 성령님이 마게도냐 환상을 통해 바울이 나아가야 할 방향을 직접 지시한 것처럼 저에게도 성령님께서 직접 방향을 제시하신 순간이었습니다.

성경에서 기름 부음은 거룩한 목적을 위해 사람과 사역을 구별하고 헌신하게 하는 하나님의 표지(標識)입니다. 제자훈련 역시 단순한 프로그램이 아니라, 하나님께 드려지는 거룩한 사역이기에 성령의 기름 부으심이 반드시 필요합니다. 성령의 기름이 없는 제자훈련은 인간의 지식과 경험에만 의존하게 되어 뻑뻑하고 힘들어지지만, 성령의 기름이 부어질 때 훈련은 부드럽고 생명력 있게 진행되게 됩니다.

그러므로 '성령의 기름 부음'이란 특별한 신비 체험이 아니라, 성령님의 임재와 가르치심, 성령님의 인도하심 속에서 사역하는 것을 의미합니다. 성령님께서 직접 가르치실 때 그 제자훈련은 사람을 변화시키고 하나님께서 기쁘게 받으시는 열매 맺는 사역이 됩니다. 저는 이러한 성령님의 역사 속에서 제자훈련을 통해 나타날 변화와 은혜를 기대하며, 하나님 앞에서 떨리는 마음으로 이 사명을 감당하고자 합니다.

◀ 2장 요약 ▶

저는 어느 새벽, 성령님으로부터 "제자훈련 위에 성령의 기름을 부으라"는 분명한 부르심을 받으며 자신의 사명에 대해 깊이 깨닫게 되었습니다. 이는 사도 바울이 마게도냐 환상을 통해 하나님의 뜻을 분별하고 순종했던 사건과 같이, 성령님께서 직접 방향을 제시하신 순간이었습니다.

성경에서 기름 부음은 사람과 사역을 거룩한 목적을 위해 구별하고 헌신하게 하는 하나님의 표지(標識)입니다. 제자훈련 역시 단순한 프로그램이 아니라, 하나님께 드려지는 거룩한 사역이기에 성령의 기름 부으심이 반드시 필요합니다. 성령의 기름이 없는 제자훈련은 인간의 지식과 경험에 의존하게 되어 뻑뻑하고 힘들어지지만, 성령의 기름이 부어질 때 훈련은 부드럽고 생명력 있게 진행됩니다.

'성령의 기름 부음'이란 특별한 신비 체험이 아니라, 성령의 임재와 가르치심, 인도하심 속에서 사역하는 것을 의미합니다. 성령님께서 직접 가르치실 때, 제자훈련은 사람을 변화시키고 하나님께서 기쁘게 받으시는 열매 맺는 사역이 됩니다. 저는 이러한 성령님의 역사 속에서 제자훈련을 통해 나타날 변화와 은혜를 기대하며, 하나님 앞에서 떨리는 마음으로 이 사명을 감당하고자 합니다.

▨ 질문 ▨

1. 제자훈련을 성령님의 인도하심 속에서 감당하고 있습니까? 아니면 나의 경험과 지식, 열심에 의존하여 하고 있습니까?

2. 지금 하고 있는 제자훈련은 하나님께 드려지는 '거룩한 제물'로서 하나님이 기쁘게 받으실 만합니까?

3. 성령의 기름 부으심이 제자훈련의 준비, 진행, 마무리와 그 이후의 삶까지 실제로 스며들고 있습니까?

"이에 예수께서 제자들에게 이르시되 누구든지 나를 따라오려거든

자기를 부인하고 자기 십자가를 지고 나를 따를 것이니라"

- 마태복음 16장 24절 -

3장

에스겔 골짜기에 나타난 성령님의 놀라운 사역

성령님께서 '제자훈련 위에 성령의 기름을 부으라'라는 말씀을 주시면서 생각나게 하신 것이 바로 에스겔 골짜기의 환상이었습니다. 그 내용은 에스겔 37장 1-10절입니다. 먼저 이 내용을 자세히 읽고 난 뒤 세부적으로 자세히 다루도록 하겠습니다.

"여호와께서 권능으로 내게 임재하시고 그의 영으로 나를 데리고 가서 골짜기 가운데 두셨는데 거기 뼈가 가득하더라 나를 그 뼈 사방으로 지나가게 하시기로 본즉 그 골짜기 지면에 뼈가 심히 많고 아주 말랐더라

그가 내게 이르시되 인자야 이 뼈들이 능히 살 수 있겠느냐 하시기로 내가 대답하되 주 여호와여 주께서 아시나이다 또 내게 이르시되 너는 이 모든 뼈에게 대언하여 이르기를 너희 마른 뼈들아 여호와의 말씀을 들을지어다

주 여호와께서 이 뼈들에게 이같이 말씀하시기를 내가 생기를 너희에게 들어가게 하리니 너희가 살아나리라 너희 위에 힘줄을 두고 살

을 입히고 가죽으로 덮고 너희 속에 생기를 넣으리니 너희가 살아나리라 또 내가 여호와인 줄 너희가 알리라 하셨다 하라

이에 내가 명령을 따라 대언하니 대언할 때에 소리가 나고 움직이며 이 뼈, 저 뼈가 들어맞아 뼈들이 서로 연결되더라 내가 또 보니 그 뼈에 힘줄이 생기고 살이 오르며 그 위에 가죽이 덮이나 그 속에 생기는 없더라

또 내게 이르시되 인자야 너는 생기를 향하여 대언하라 생기에게 대언하여 이르기를 주 여호와께서 이같이 말씀하시기를 생기야 사방에서부터 와서 이 죽음을 당한 자에게 불어서 살아나게 하라 하셨다 하라 이에 내가 그 명령대로 대언하였더니 생기가 그들에게 들어가매 그들이 곧 살아나서 일어나 서는데 극히 큰 군대더라"

에스겔서 37장의 에스겔 골짜기의 환상은 너무나 유명한 내용입니다. 이 환상은 이스라엘 백성들이 지난날 잃어버렸던 땅과 더불어 하나님의 선택받은 백성으로서의 삶을 회복할 것이라는 예언적 환상입니다. 골짜기의 수많은 마른 뼈들이 큰 군대로 변화된다는 내용인데, 이 환상은 물론 이스라엘 백성들의 회복을 말하고 있지만, 여기에 더하여 또 다른 하나님의 놀라운 메시지가 들어 있습니다. 이 내용은 이렇게 전개되고 있습니다.

우선 에스겔은 골짜기에서 수많은 마른 뼈들을 봅니다.

1-2절, "여호와께서 권능으로 내게 임재하시고 그의 영으로 나를 데리고 가서 골짜기 가운데 두셨는데 거기 뼈가 가득하더라 나를 그 뼈 사방으로 지나가게 하시기로 본즉 그 골짜기 지면에 뼈가 심히 많고 아주 말랐더라"

하나님께서 이 마른 뼈들이 살 수 있겠느냐고 에스겔에게 묻습니다. 그리고 에스겔은 하나님이 아신다고 대답을 합니다.

3절, "그가 내게 이르시되 인자야 이 뼈들이 능히 살 수 있겠느냐 하시기로 내가 대답하되 주 여호와여 주께서 아시나이다"

하나님께서 이 뼈들에게 대언을 하라고 하십니다. 그래서 에스겔이 대언을 합니다.

4-6절, "또 내게 이르시되 너는 이 모든 뼈에게 대언하여 이르기를 너희 마른 뼈들아 여호와의 말씀을 들을지어다 주 여호와께서 이 뼈들에게 이같이 말씀하시기를 내가 생기를 너희에게 들어가게 하리니 너희가 살아나리라 너희 위에 힘줄을 두고 살을 입히고 가죽으로 덮고 너희 속에 생기를 넣으리니 너희가 살아나리라 또 내가 여호와인 줄 너희가 알리라 하셨다 하라"

그런데 하나님의 말씀대로 대언을 했는데도 살아 있는 군대가 되지를 않습니다. 그 속에 생기가 없기 때문입니다.

7-8절, "이에 내가 명령을 따라 대언하니 대언할 때에 소리가 나고 움직이며 이 뼈, 저 뼈가 들어맞아 뼈들이 서로 연결되더라 내가 또 보니 그 뼈에 힘줄이 생기고 살이 오르며 그 위에 가죽이 덮이나 그 속에 생기는 없더라"

하나님의 명령을 좇아 에스겔은 다시 대언을 합니다.

9절, "또 내게 이르시되 인자야 너는 생기를 향하여 대언하라 생기에게 대언하여 이르기를 주 여호와께서 이같이 말씀하시기를 생기야 사방에서부터 와서 이 죽음을 당한 자에게 불어서 살아나게 하라 하셨다 하라"

그랬더니 이 마른 뼈들이 살아서 일어서는 큰 군대가 되었습니다.

10절, "이에 내가 그 명령대로 대언하였더니 생기가 그들에게 들어가매 그들이 곧 살아나서 일어나 서는데 극히 큰 군대더라"

우리가 이 내용을 보면서 궁금하게 생각할 수 있는 것은, 첫 번째 대언에서 마른 뼈들이 살아 움직이는 군대가 되지 못한 이유가 무엇인가 하는 점입니다. 그것은 '생기가 들어가라'고 명령을 한 것이 아니라 '내가 생기를 너희에게 들어가게 하리니 너희가 살아나리라'라는 말씀만을 대언했던 것입니다. 4-6절을 다시 한 번 자세히 살펴보겠습니다.

4-6절, "또 내게 이르시되 너는 이 모든 뼈에게 대언하여 이르기를 너희 마른 뼈들아 여호와의 말씀을 들을지어다 주 여호와께서 이 뼈들에게 이같이 말씀하시기를 내가 생기를 너희에게 들어가게 하리니 너희가 살아나리라 너희 위에 힘줄을 두고 살을 입히고 가죽으로 덮고 너희 속에 생기를 넣으리니 너희가 살아나리라 또 내가 여호와인 줄 너희가 알리라 하셨다 하라"

마른 뼈들에게 '생기를 들어가게 하리라, 너희가 살아나리라'는 말씀은 '생기가 너희에게 들어가면 살아나게 될 것'이라는 말입니다. 생기가 그 속에 들어가도록 선포한 것이 아니었습니다. 여호와의 이 말씀을 전한 것입니다. 그랬더니 마른 뼈들이 서로 제자리를 찾아가고 연결이 되고 힘줄이 생기고 살이 오르고 피부가 덮이는 놀라운 일이 일어났지만 살아서 움직이는 군대는 되지 못했습니다. 7-8절을 볼까요?

"이에 내가 명령을 따라 대언하니 대언할 때에 소리가 나고 움직이며 이 뼈, 저 뼈가 들어맞아 뼈들이 서로 연결되더라 내가 또 보니 그 뼈에 힘줄이 생기고 살이 오르며 그 위에 가죽이 덮이나 그 속에 생기는 없더라"

마른 뼈들이 군대로서의 외형은 다 갖추었지만 그들 속에 생기가 없어서 살아 움직이는 군대가 되지 못했던 것입니다.

그렇다면 '생기(生氣)'는 무엇을 말할까요?

여기서 '생기'는 히브리어로 '루아흐(ַרוּח)'인데 이 단어는 문맥에 따라 세 가지 핵심 의미로 사용됩니다.

첫째, '바람(Wind)'인데 눈에 보이지 않지만 강력한 힘을 가진 움직임을 말합니다.

창세기 8장 1절, "하나님이 노아와 그와 함께 방주에 있는 모든 들짐승과 가축을 기억하사 하나님이 바람을 땅 위에 불게 하시매 물이 줄어들었고"

둘째, '숨, 호흡(Breath)'을 말합니다.

숨을 쉬면 그 생명체가 살아 있다는 것을 증명합니다. 바로 그 숨을 말합니다.

창세기 2장 7절, "여호와 하나님이 땅의 흙으로 사람을 지으시고 생기를 그 코에 불어넣으시니 사람이 생령이 되니라"

셋째, '영, 성령(Spirit)'입니다.

물론 쓰여진 문맥에 따라 사람의 영을 의미하기도 하고, 하나님의 성령을 의미하기도 합니다. 즉, 하나의 단어가 상황에 따라 두 대상을 모두 가리킵니다. 그런데 '루아흐'에서 가장 심오하고 중요한 의미를 갖고 있는 '생기'는 하나님 자신이나 하나님의 활동을 나타냅니다. 즉 인간의 마음이나 성품, 지혜와 능력을 주관하는 '하나님의 능력'을 나타냅니다. 그래서 에스겔서 37장에서 말하는 생기는 바로 '성령'으로 해석을 할 수 있습니다.

에스겔 37장의 환상은 바로 앞 장인 36장의 약속을 시각적으로 보여 줍니다. 36장에서 하나님은 이스라엘의 회복을 위해 '내 영'을 주시겠다고 약속하셨고, 37장의 '생기'는 그 약속이 구체적으로 어떻게 마른 뼈(이스라엘)를 살려내는지를 보여 주는 실현 장면입니다. 따라서 37장의 '생기'는 36장의 '내 영(하나님의 영)'과 동일한 존재입니다.

에스겔 36장 27절, "또 내 영을 너희 속에 두어 너희로 내 율례를 행하게 하리니 너희가 내 규례를 지켜 행할지라"

하나님께서 에스겔에게 이 환상을 설명하신 에스겔 37장 14절을 보면 이 생기가 '내 영(하나님의 영)'임을 다시 한 번 확인할 수 있습니다.

에스겔 37장 14절, "내가 또 내 영을 너희 속에 두어 너희가 살아나게 하고 내가 또 너희를 너희 고국 땅에 두리니 나 여호와가 이 일을 말하고 이룬 줄을 너희가 알리라 여호와의 말씀이니라"

여기서 '내 영'이란 '하나님의 영'을 말하고 '하나님의 영'이란 '성령'을 말합니다. 우리는 하나님의 영과 예수 그리스도의 영, 성령은 다 같다는 사실을 아래 성경을 통해서 알고 있습니다.

고린도전서 12장 3절, "그러므로 내가 너희에게 알리노니 하나님의 영으로 말하는 자는 누구든지 예수를 저주할 자라 하지 아니하고 또 성령으로 아니하고는 누구든지 예수를 주시라 할 수 없느니라"

로마서 8장 9절, "만일 너희 속에 하나님의 영이 거하시면 너희가 육신에 있지 아니하고 영에 있나니 누구든지 그리스도의 영이 없으면 그리스도의 사람이 아니라"

생기 즉 성령이 죽은 자에게 들어갔을 때, 그들은 살아납니다. 일어섭니다. 큰 군대가 됩니다.

9-10절, "또 내게 이르시되 인자야 너는 생기를 향하여 대언하라 생기에게 대언하여 이르기를 주 여호와께서 이같이 말씀하시기를 생기야 사방에서부터 와서 이 죽음을 당한 자에게 불어서 살아나게 하라

하셨다 하라 이에 내가 그 명령대로 대언하였더니 생기가 그들에게 들어가매 그들이 곧 살아나서 일어나 서는데 극히 큰 군대더라”

성령이 마른 뼈들에게 들어가야만 그것들이 살게 되고, 일어서게 되고, 극히 큰 군대가 될 수가 있는 것입니다. 여기서 ‘군대’란 ‘군사들’을 말합니다. 성경을 보면 종, 군사, 제자, 일꾼이라는 말들이 나오는데, 다 같은 의미입니다. 예수 그리스도의 종 = 예수 그리스도의 군사 = 예수 그리스도의 제자 = 예수 그리스도의 일꾼.

‘큰 군대가 되었다’는 것은 ‘예수 그리스도의 군사들’이 되었다는 말이요, ‘예수 그리스도의 제자들’이 되었다는 것입니다. 이들은 예수님을 위해서, 예수님이 기뻐하시고 명령하신 일을 해야 하는 사람들입니다.

‘죽은 자들이 살게 되고, 일어서게 되고, 큰 군대가 되는 것’이 바로 제자훈련이라고 생각합니다. 제자훈련을 통해서 예수 그리스도의 군사가 됩니다. 마른 뼈들이 살아 있는 군대로 바뀌는 이 환상은 오순절 성령님이 오셔서 많은 사람들을 예수님의 제자로 훈련시키시고, 예수 그리스도의 영향력을 사방에 미치게 하시며 복음을 전하게 하셔서 하나님의 나라를 실현시키는 일을 하게 할 것임을 보여 주는 것입니다.

성령이 임하시면 권능을 받게 됩니다. 그래서 증인이 됩니다. 그렇다면 ‘성령이 임하시는 것’은 무엇을 말할까요? 오순절에 성령이 한순간에 강림하는 그 사건만을 이야기하는 것일까요? 우선 사도행전 1장

8절을 봅시다.

여기서 '오직 성령이 너희에게 임하시면'이라는 구절은 단순히 오순절이라는 특정 시점의 '사건'만을 의미하지 않습니다. 성경신학적으로 이 표현은 '단회적 사건'인 동시에 '지속적인 상태와 능력'을 모두 포괄하는 중의적인 의미를 담고 있습니다.

이 구절을 세 가지 관점으로 이해할 수 있습니다.

첫째, 오순절에 성령 강림이 임한 단회적인 역사적인 사건으로 이해하는 것입니다.

예수님께서 승천하시기 전 제자들에게 약속하신 것으로, 사도행전 2장에서 일어난 성령 강림 사건을 가리킵니다. 이는 구약에서 예언된 성령의 시대가 공식적으로 열리는 '역사적 전환점'을 의미합니다.

둘째, '임하시면'이라는 표현은 단순히 겉으로 나타나는 현상을 넘어, 믿는 자의 심령 속에 성령님이 거처를 정하신다는 의미를 가집니다.

성령의 일회적이고 일시적인 임하심이 아니라 믿는 자와 영원히 함께 하시는 내주(內住)를 말합니다. 구약 시대에는 성령이 특정 목적을 위해 잠시 임했다가 떠나기도 했으나, 신약의 성령님은 그렇지가 않고 계속해서 함께하시는 것입니다.

셋째, 헬라어 원문의 뉘앙스와 문맥을 살펴보면, '성령이 임하는 것'은 '증인이 되기 위한 동력'을 공급받는 과정입니다.

'임하시면 너희가 권능을 받고'에서 권능은 '다이너마이트'의 어원이 되는 단어입니다. 이는 한 번 받고 끝나는 것이 아니라, 복음을 전하는 삶의 현장에서 지속적으로 나타나는 하나님의 통치 에너지를 뜻합니다. 그러므로 성령이 임하시는 목적은 제자들의 개인적이고 단회적인 체험에 머무는 것이 아니라, '땅끝까지 이르러 내 증인이 되리라'는 사명을 완수하게 하기 위함입니다. 즉, 사명을 감당하는 매 순간 성령의 임재는 현재진행형으로 나타납니다.

그러므로 '성령이 임하면'이라는 말 속에는 예수 그리스도의 증인이 되는 사명을 제자들이 지속적으로 감당하기 위해서 성령님이 역할을 계속해서 하신다는 것을 의미합니다. 다른 말로 말하면 이 복음 전파의 사명을 감당하도록 성령님이 제자들을 훈련시킨다는 말입니다.

하나님의 말씀을 듣고, 알고, 깨닫고, 이해하는 것도 중요합니다. 그러나 어느 정도에서 한계가 올 수 있습니다. 그 말씀이 나에게 지식적으로만 다가올 수 있고, 마음에 깨달음을 주고, 감동을 주는 단계까지 다가올 수 있습니다. 그런데 말씀이 귀로 들어와서 마음으로 내려와서 소화가 되어서 능력과 삶으로 나타나야 하는데 그러지 못하는 경우가 많습니다.

말씀의 씨가 뿌려져서 싹을 내고 꽃을 피우기는 하지만 가장 중요한 풍성한 열매를 맺는 단계까지 가지 못할 수가 있다는 것입니다.

오늘날 교회에서 시키는 제자훈련, 훈련자들이 시키는 제자훈련이 이런 한계의 벽에 부딪혀서 어려움을 당하고 있는 경우들이 있습니다. 제자훈련의 핵심은 열매인데 이 열매를 얻지 못한다는 것은 제자훈련에서 너무 안타까운 일입니다. 이것을 누가 해결할 수 있을까요? 바로 성령님이십니다. 그래서 '성령님이 주도하시는 제자훈련'이 반드시 필요하다는 것입니다.

에스겔 37장의 마른 뼈 환상은 하나님의 말씀이 단순히 전해질 때 외적인 회복은 일어날 수 있지만, 성령의 생기(루아흐)가 임하지 않으면 참된 생명과 능력은 나타나지 않는다는 사실을 보여 줍니다. 말씀의 대언으로 뼈들이 맞추어지고 살과 가죽을 입었으나, 생기가 없을 때 그들은 살아 움직이는 군대가 되지 못했습니다.

히브리어 '루아흐'는 바람, 호흡, 영을 의미하며, 에스겔 37장에서의 생기는 곧 하나님의 영, 즉 성령을 가리킵니다. 하나님께서 생기를 향해 다시 대언하게 하셨을 때, 성령이 마른 뼈들 속에 들어가 그들이 살아나 극히 큰 군대를 이루게 되었습니다. 이는 성령님만이 죽은 자를 살리고, 무기력한 존재를 하나님의 군사로 세우실 수 있음을 보여 줍니다.

이 환상은 제자훈련의 본질을 분명히 드러내고 있습니다. 말씀을 단지 가르치고 전달하는 것만으로는 한계가 있습니다. 성령님께서 주도하시는 제자훈련이 있을 때 비로소 성도들은 지식의 단계를 넘어 삶과 능력, 열매로 나아가게 됩니다. 성령이 임하실 때 제자들은 예수 그리스도의 군사요 증인으로 세워지며, 권능을 받아 하나님의 나라를 확장하는 사명을 감당하게 되었습니다.

▨ 질문 ▨

1. 왜 에스겔이 처음 뼈들에게 대언했을 때는 살아 움직이는 군대가 되지 못했습니까?

2. '생기(루아흐)'가 갖는 세 가지 의미와, 에스겔 37장에서 '생기'가 성령으로 해석되는 근거는 무엇입니까?

3. 성령이 임하실 때 제자훈련을 받는 사람에게 어떤 변화가 일어나며, 이는 교회와 세상에 어떤 영향으로 나타납니까?

“또 내게 이르시되 너는 이 모든 뼈에게 대언하여 이르기를

너희 마른 뼈들아 여호와의 말씀을 들을지어다”

- 에스겔 37장 4절 -

PART 2

왜 성령님이 주도하셔야 하는가?

왜 성령님이 제자훈련을 주도하셔야 하는가?

제가 '성령님이 주도하시는 제자훈련'이란 내용으로 책을 쓴다고 할 때 걱정해 주고 염려하시는 분들이 있었습니다. 그 걱정과 염려를 들어보면 이렇습니다.

첫째, 제자훈련은 예수님이 하신 것이고, 그것을 이어받아 우리가 지금 교회에서 '예수님의 제자훈련'이라는 주제 하에 예수님의 제자가 되도록 제자훈련을 시키고 있는데, 뭘 또 색다르게 '성령님이 주도하시는 제자훈련'이라는 책을 낼 필요가 있나? 괜히 쓸데없는 일을 하는 것이 아닌가?

둘째, 성령님은 예수님의 영이신데, 예수님과 성령님은 같은 하나님이신데, 왜 꼭 '성령님이 주도하시는 제자훈련'이라고 말할 필요가 있는가?

셋째, 성령하면 우리의 눈에 보이지 않는 영이신데, 그분이 제자훈련을 시킨다고 하는 것은 혹시 비성경적인 것이고 신비주의적인 것이 아닌가?

넷째, 예수님은 인간의 몸을 입고 이 땅에 오셔서 눈에 보이는 사람의 몸으로 제자훈련을 하셨기 때문에 제자훈련하신 그 내용과 하신 모습이 눈에 그려지는데, 성령님은 영이신데 어떻게 제자훈련을 시키신다는 말인가? 구체성이 없고 추상적이지 않은가?

다섯째, 성령님이 하시는 제자훈련이라고 하면, 지금까지 예수님이 하신 제자훈련은 어떻게 되는 것인가?

그러나 '성령님이 주도하시는 제자훈련'은 성경에서도 찾아볼 수 있고, 성령님이 제자훈련을 하신 그 결과들도 성경에는 많이 나와 있습니다. 예수님도 성령이 오셔서 하실 제자훈련을 제자들에게 권장하고 말씀하셨습니다.

예수님이 제자훈련을 시켰다는 사실은 모두들 인정하지만, 성령님이 제자훈련을 시킨다는 사실에 대해서는 부정적으로 생각하는 사람들이 많은 것 같습니다. 왜 그럴까요? 예수님이 제자들을 가르치시고 제자훈련을 시키실 때에는 눈에 보이는 육신의 몸을 입고 계셨고, 성령님은 눈에 보이지 않기 때문에 그렇습니까? 아니면 성령님이 제자훈련을 시킨다고 하는 것이 추상적인 것 같고, 신비적인 위험성으로 빠질 것 같아 그렇습니까?

예수님이 공생애 기간 동안 제자들을 과연 제자훈련을 시켰을까요? 제자훈련을 시켰다면 무엇을, 어떻게 시켰는가에 대해서 생각해 보는 것이 중요합니다.

성경에는 예수님이 '제자훈련'을 시켰다는 말은 없습니다. 그러나 예수님이 행하신 사역의 핵심은 오늘날 우리가 부르는 '제자훈련' 그 자체였다고 말할 수 있습니다. 우리가 성경을 통해서 예수님이 제자훈련 시켰다는 것을 암시할 수 있는 여러 가지 사역을 살펴볼 수 있습니다.

예수님은 단순히 지식을 전달하는 것에 머물지 않고 제자들과 삶을 함께하면서 제자들을 가르치시고 체험하게 하고 변화시켰습니다. 함께하는 것은 매우 중요합니다. 예수님의 성품과 예수님의 가치, 예수님의 삶을 자연스럽게 배울 수가 있습니다. 특히 예수님이 본을 보이신 섬김의 삶과 하나님을 사랑하고 남을 사랑하는 삶은 제자들에게 큰 가르침을 주었고 제자들에게 큰 영향력을 끼쳤습니다.

마가복음 3장 14절, "이에 열둘을 세우셨으니 이는 자기와 함께 있게 하시고 또 보내사 전도도 하며"

요한복음 13장 14-15절, "내가 주와 또는 선생이 되어 너희 발을 씻었으니 너희도 서로 발을 씻어 주는 것이 옳으니라 내가 너희에게 행한 것같이 너희도 행하게 하려 하여 본을 보였노라"

예수님이 가르치시고 복음을 전하시고 치유하신 사역은 제자들에게 놀라운 가르침이었고, 그렇게 살도록 하는 중요한 제자훈련이었습니다.

자, 그렇다면 성령님은 제자훈련을 과연 하실 수 있을까요? 여러분은 어떻게 생각하시나요? 물론 하실 수 있습니다. 예수님께서 제자들의 곁을 떠나시기 전에 제자들에게 매우 중요한 말씀을 하셨습니다.

우선 예수님이 제자들을 떠나시고 난 뒤에 보혜사 성령님을 보내주시겠다고 약속하십니다. 예수님께서 제자들과 함께 계속 있는 것보다 보혜사 성령님이 너희에게 오시는 것이 더 유익하다고 말씀하셨습니다.

요한복음 14장 16-17절, "내가 아버지께 구하겠으니 그가 또 다른 보혜사를 너희에게 주사 영원토록 너희와 함께 있게 하리니 그는 진리의 영이라 세상은 능히 그를 받지 못하나니 이는 그를 보지도 못하고 알지도 못함이라 그러나 너희는 그를 아나니 그는 너희와 함께 거하심이요 또 너희 속에 계시겠음이라"

요한복음 16장 7절, "그러나 내가 너희에게 실상을 말하노니 내가 떠나가는 것이 너희에게 유익이라 내가 떠나가지 아니하면 보혜사가 너희에게로 오시지 아니할 것이요 가면 내가 그를 너희에게로 보내리니"

그렇다면 보혜사 성령님이 오셔서 무엇을 하실 것인가? 보혜사 성령

님이 오셔서 하실 일들을 예수님께서 구체적으로 말씀하셨는데, 그것
은 예수님이 이 땅에 계실 때 제자들을 제자훈련 시킨 것과 동일하다
는 것을 알 수 있습니다.

왜 예수님이 보혜사 성령님을 보내셨는가?

**첫째, 성령님은 모든 진리 가운데로 우리를 인도하시는 분이시기 때문입
니다.**

요한복음 16장 13절, "그러나 진리의 성령이 오시면 그가 너희를 모든
진리 가운데로 인도하시리니 그가 스스로 말하지 않고 오직 들은 것
을 말하며 장래 일을 너희에게 알리시리라"

여기서 "진리의 성령이 오시면 그가 너희를 모든 진리 가운데로 인
도하시리니"라는 말씀은 기독교 신앙에서 성령님의 역할을 정의하는
가장 중요한 구절 중 하나입니다.

이 성경 구절에서 주어는 '성령'입니다. 성령님이 오시면 너희를 모
든 진리 가운데로 인도하신다는 말입니다. 성령님이 주도권을 가지고
진리가운데로 인도하십니다. 성령님은 우리가 진리를 찾을 때까지 기
다리시는 분이 아니라, 우리를 진리 안으로 밀어 넣으시고 이끌어 가
시는 분이라는 말씀입니다.

'인도하시리니'라는 말은 헬라어 문맥상 "저기로 가면 목적지가 나옵

니다."와 같은 단순한 제안이 아니라, 목적지(모든 진리)에 도달하게
하려는 성령님의 의지가 담긴 행동입니다. 즉, 성령님은 제자들을 방
치하지 않으시고 직접 제자훈련을 시키시는 주도적인 분이심을 말씀
하고 있는 것입니다.

제자들의 상태를 한번 보십시오. 예수님이 잡히시던 밤에 다 도망갔
던 겁쟁이들이 성령 강림 이후 목숨을 거는 사도로 변했습니다. 이 드
라마틱한 변화가 어떻게 가능했겠습니까? 제자들이 자발적으로 노력
해서 그렇게 된 것일까요? 성령님이 주도권을 잡고 그들을 강력하게
훈련시키셨기 때문에 가능했습니다.

그러면 여기서 '모든 진리'란 무엇을 말할까요? 성령님께서 인도하시
는 '모든 진리'는 세상의 모든 일반 지식(수학, 과학 등)을 의미하기보
다, '하나님의 구원 계획과 예수 그리스도에 관한 진리'를 뜻합니다.
요한복음에서 '진리'는 곧 예수 그리스도 자신입니다. 이것은 요한복
음 14장 6절에서도 말씀하고 있습니다.

요한복음 14장 6절, "예수께서 이르시되 내가 곧 길이요 진리요 생명
이니 나로 말미암지 않고는 아버지께로 올 자가 없느니라"

따라서 '모든 진리로 인도한다'는 것은 예수님이 누구신지, 그분이
하신 말씀의 진짜 의미가 무엇인지를 깊이 깨닫게 하신다는 뜻입니다.

제자들이 당시에는 이해하지 못했던 예수님의 죽음과 부활의 의미를, 나중에 성령님이 오셔서 비로소 "아, 그 말씀이 이 뜻이었구나!"라고 깨닫게 해 주신다는 것입니다. 성령님께서 직접 제자들을 이렇게 가르치고 훈련시킬 것이라고 예수님이 직접 말씀하신 것입니다.

이 구절 뒷부분에 "그가 스스로 말하지 않고 오직 들은 것을 말하며"라고 되어 있습니다. 성령님은 자기 자신을 드러내기보다 예수 그리스도를 비추는 역할을 하십니다. 성령님은 예수님을 말씀하시고, 예수님에 대해서 말씀하시고, 예수님이 말씀하신 것을 말씀하십니다. 그러므로 예수님의 가르치심과 성령님의 가르치심이 차이가 날 리가 없습니다. 동일합니다. 더군다나 성령님은 성경의 저자이시고, 성령은 예수 그리스도의 영이십니다. 그러므로 예수님의 가르치심이 성경이요, 성령님의 가르치심이 성경입니다.

그러므로 '성경 중심'으로 제자훈련을 해야지 '성령 중심'으로 제자훈련을 해서는 안 된다는 비성경적인 논리를 펴면서, 성령님이 주도하셔야 하는 제자훈련을 마치 성경적이 않은 것처럼 호도하는 안타까운 일들은 없어야 합니다.

다시 한 번 강조합니다. "성령님은 우리를 진리 '근처'로 데려가는 것이 아니라, 그 진리 '가운데(into)'로 완전히 들어가 살게 하십니다." 그것도 아주 능동적으로, 주도적으로 말입니다. 성령님은 당연히 제자훈련을 주도하셔야 할 분이십니다. 우리가 이 사실을 아는 것으로 끝나서는 안 되고, 믿고, 성령님께 겸손하게 주도권을 내어 드려야 합니다. 그래야만 지금까지 경험하지 못하고 보지 못했던 놀라운 성경적인 제자훈련의 열매가 풍성하게 드러날 것입니다.

둘째, 성령님께서는 모든 것을 가르치시는 분이기 때문입니다.

요한복음 14장 26절, "보혜사 곧 아버지께서 내 이름으로 보내실 성령 그가 너희에게 모든 것을 가르치고 내가 너희에게 말한 모든 것을 생각나게 하리라"

마태복음 4장 23절, "예수께서 온 갈릴리에 두루 다니사 그들의 회당에서 가르치시며 천국 복음을 전파하시며 백성 중의 모든 병과 모든 약한 것을 고치시니"

가르치는 것은 예수님이 이 땅에 오셔서 하신 사역 중에서 가장 중요한 사역이었습니다. 모여든 자들을 가르치셨고 제자들을 가르치셨습니다. 무엇을 가르치셨을까요? 가장 중요하고 필요한 하나님의 말씀을 가르치셨습니다. 제자훈련에서 말씀을 가르치는 것은 가장 중요한 제자훈련 내용입니다.

성령님이 오셔서 가르치시는 '모든 것'이란 무엇을 말할까요? 단순히 세상의 모든 지식을 의미하기보다, 예수 그리스도의 가르침을 완성하고 깨닫게 하는 영적인 진리를 뜻합니다. 성령님은 새로운 교리를 만드시는 것이 아니라, 예수님께서 이미 하신 말씀의 참뜻을 제자들이 깨닫도록 하십니다.

제자들은 예수님과 함께 있을 때 그분의 말씀을 다 이해하지 못했습니다. 특히 예수님의 십자가의 죽으심, 살아나심 등에 대해서 여러 번 말씀하셨지만 깨닫지 못하고 오해를 했습니다.

마가복음 9장 31-32절, "이는 제자들을 가르치시며 또 인자가 사람들의 손에 넘겨져 죽임을 당하고 죽은 지 삼 일만에 살아나리라는 것을 말씀하셨기 때문이더라 그러나 제자들은 이 말씀을 깨닫지 못하고 묻기도 두려워하더라"

그런데 성령님이 오시면 당시에는 제자들이 깨닫지 못했던 예수님의 말씀이 어떤 영적인 의미를 갖고 있는지 비로소 깨닫게 되고 알게 됩니다. 어쩌면 예수님이 하신 제자훈련의 심화 과정을 성령님이 하신다는 말씀과도 같습니다.

뿐만 아니라 예수님이 누구신지, 왜 이 땅에 오셨는지, 우리가 어떻게 구원을 받는지 등에 대해서도 성령님께서 가르쳐 주신다는 말씀입니다. 제자훈련의 핵심 진리를 가르치시는 것입니다. 성령님이 이런 사역을 하십니다.

그리고 제자들이 살아가면서 마주 대하는 구체적인 상황 속에 어떻게 행해야 할지를 성령님이 가르쳐 주신다는 말씀입니다. 우리가 복음

을 전할 때 무슨 말을 해야 할지 고민이 되는 경우들이 있습니다. 힘들
고 고통스러울 때 어떤 말씀을 붙들어야 할지, 두려움과 염려 가운데
에서 그것을 이기기 위해서는 어떤 말씀이 필요한지를 성령님께서 가
르쳐 주신다는 말씀입니다.

마가복음 13장 11절, "사람들이 너희를 끌어다가 넘겨 줄 때에 무슨
말을 할까 미리 염려하지 말고 무엇이든지 그때에 너희에게 주시는
그 말을 하라 말하는 이는 너희가 아니요 성령이시니라"

셋째, 성령님은 모든 것을 생각나게 하시는 분이기 때문입니다.

요한복음 14장 26절, "보혜사 곧 아버지께서 내 이름으로 보내실 성
령 그가 너희에게 모든 것을 가르치고 내가 너희에게 말한 모든 것을
생각나게 하리라"

예수님이 제자들에게 하신 중요한 말씀들이 얼마나 많았겠습니까?
구약의 예언의 말씀, 하나님 아버지에 대한 말씀, 산상수훈의 말씀, 복
음의 핵심인 예수님의 죽으심과 부활에 관한 말씀, 천국에 관한 말씀
등. 그러나 제자들이 이것을 다 기억하고 있었을까요? 잊어버린 것들
이 훨씬 더 많았을 것입니다. 성령님이 오셔서 이런 것들을 다 생각나
게 하신다는 말씀입니다. 이것은 제자훈련 중에서도 가장 중요한 훈련
의 하나라고 생각합니다. 제자훈련을 받을 때에도 이미 배운 것들을

회상시켜 줍니다. 복습을 시키는 것이요, 제자훈련 하면서 배운 성경 말씀들을 외우게 합니다. 그리고 외운 것을 다음 시간에 회상을 시킵니다.

그리고 여기서 "생각나게 하리라"는 단순히 과거의 기억을 떠올리는 수준을 넘어섭니다. 제자들은 예수님과 함께 있을 때 그분의 말씀을 다 이해하지 못했습니다. 하지만 성령이 임하셨을 때 비로소 그 말씀의 참된 의미와 목적을 깨닫게 되었습니다.

베드로는 예수님이 가르치시고 말씀하신 것을 잘 이해하지 못하고 딴 소리했던 적이 한두 번이 아니었지만 베드로가 성령의 충만함을 받고 설교한 사도행전 2장의 베드로의 설교를 보면 놀라지 않을 수가 없습니다. 베드로는 구약의 성경에서 예언되었던 것이 성취되었음을 강조합니다.

베드로는 당시 유대인들에게 익숙한 구약 성경을 인용하여, 현재 일어난 성령 강림이 우연이 아니라 요엘 선지자의 예언인 요엘서 2장 28-32절이 성취된 것이라고 구약 요엘서를 인용하여 증명합니다. 또한 베드로의 설교는 초점이 복음 즉 예수님의 죽으심과 부활과 높아지심(승귀 昇歸)에 정확하게 맞추어져 있습니다. 이것 또한 시편 16편과 110편을 인용하여 증거하고 있습니다.

성령님의 생각나게 하심의 사역이 놀랍기만 합니다. 성령님이 가르치시고 제자훈련을 하시면 그렇게 된다는 말씀입니다. 예수님이 그렇게 말씀하셨고, 말씀하신 대로 베드로도 그렇게 되었습니다. 그렇다면 우리도 그렇게 될 수 있습니다. 듣고 배우고 묵상한 하나님의 말씀이 비록 세월이 지나서 우리의 심령 속에 묻혀 있다 할지라도 필요할 때 성령님은 그것을 다시 기억나게 하시고 떠오르게 하신다는 말씀입니다.

넷째, 성령님은 죄에 대하여, 의에 대하여, 심판에 대하여 세상을 책망하시는 분이기 때문입니다.

요한복음 16장 8-12절, "그가 와서 죄에 대하여, 의에 대하여, 심판에 대하여 세상을 책망하시리라 죄에 대하여라 함은 그들이 나를 믿지 아니함이요 의에 대하여라 함은 내가 아버지께로 가니 너희가 다시 나를 보지 못함이요 심판에 대하여라 함은 이 세상 임금이 심판을 받았음이라 내가 아직도 너희에게 이를 것이 많으나 지금은 너희가 감당하지 못하리라"

'책망하리라'는 말은 '훈계하다, 죄를 깨닫게 하다, 잘못을 꾸짖다'라는 뜻입니다. 이 부분에 대한 현대인의 성경과 쉬운말성경을 보면 이해가 좀 쉬울 것입니다.

요한복음 16장 8절(현대인의 성경), "그분이 오시면 죄와 의와 심판에 대하여 세상이 잘못 생각하고 있는 점을 깨우쳐 주실 것이다."

'죄에 대해서 세상을 책망한다'는 말은 세상 사람들이 예수 그리스도를 믿지 않는 것(불신)에 대해서 꾸짖고, 훈계하시고, 가르치셔서 예수님을 믿게 하신다는 말입니다.

'의에 대해서 세상을 책망한다'는 말은 세상 사람들에게 예수 그리스도의 의, 예수님이 우리 대신 십자가에 죽으심으로 우리가 지키지 못하는 율법의 의를 다 이루셨기 때문에 예수님을 믿으면 예수님의 의로 인해 우리가 구원을 받게 된 사실을 가르치시고 알게 하시고 깨닫게 하신다는 말입니다.

'심판에 대해서 세상을 책망한다'는 말은 세상 사람들에게 예수 그리스도를 믿으면 구원받고, 믿지 않으면 영원한 지옥에 간다는 것을 가르치고 깨닫게 하셔서 올바로 알게 하신다는 말입니다. 특히 세상임금(사탄의 세력)을 심판하셨음을 말해 주고 있습니다.

이렇게 죄에 대해서, 의에 대해서, 심판에 대해서 가르쳐 알게 하시고 깨닫게 하셔서 바로 살도록 하는 일이 제자훈련입니다.

지금까지 이런 가르침을 주시고, 이렇게 훈련을 시키신 분이 예수님이셨는데, 이제는 누가 이런 제자훈련을 주도해야 할까요? 예수님이 떠나가시고 예수님(하나님)이 보내신 성령님입니다. 이제는 당연히 성령님이 제자훈련을 주도하셔야 하는 것입니다.

요한복음 16장 7절, "그러나 내가 너희에게 실상을 말하노니 내가 떠나가는 것이 너희에게 유익이라 내가 떠나가지 아니하면 보혜사가 너희에게로 오시지 아니할 것이요 가면 내가 그를 너희에게로 보내리니"

요한복음 14장 26절, "보혜사 곧 아버지께서 내 이름으로 보내실 성령 그가 너희에게 모든 것을 가르치고 내가 너희에게 말한 모든 것을 생각나게 하리라"

◀ 4장 요약 ▶

예수님은 제자들과 삶을 함께하며 가르치고 본을 보이는 제자훈련을 하셨습니다. 단순한 지식 전달이 아니라, 섬김과 사랑의 삶을 체험하게 하고 변화시키는 훈련이었습니다.

예수님이 떠나신 후, 제자들을 계속 훈련시키기 위해 성령님이 보내심을 받았습니다. 그것이 제자들에게 더 유익했습니다. 성령님은 모든 영적 진리를 가르치시고, 예수님의 말씀과 사역의 의미를 깨닫게 하십니다. 또한 제자들이 삶 속에서 직면하는 상황에서 무엇을 말하고 어떻게 행동할지 가르치십니다. 그리고 예수님이 하신 말씀을 생각나게 하시고, 제자들이 놓친 것을 깨닫게 하십니다. 베드로의 설교처럼 성령님의 가르침으로 복음의 핵심을 이해하고 전할 수 있게 됩니다.

성령님은 죄, 의, 심판에 대해 세상을 책망하시며, 진리를 알게 하고 올바르게 살도록 인도하십니다. 성령님은 보이지 않지만, 제자훈련의 핵심 주체로서 예수님의 사역을 이어 가며 제자들의 깨달음과 성숙을 이끄십니다.

▦ **질문** ▦

1. 왜 성령님이 제자훈련을 주도하셔야 한다고 예수님은 말씀하셨습니까?

2. 성령님은 제자들에게 어떤 방식으로 가르치고 깨닫게 하십니까?

3. 성령님의 책망과 가르침이 제자들의 삶과 세상에 어떤 변화를 가져옵니까?

“사람이 마음으로 자기의 길을 계획할지라도

그의 걸음을 인도하시는 이는 여호와시니라”

- 잠언 16장 9절 -

5장

제자훈련의 성공 여부는 성령님께 달려 있다

제자훈련이 성공하느냐 실패하느냐는 오늘날까지도 제자훈련을 하는 교회나 사역자의 큰 숙제가 아닐 수 없습니다. 어떤 분들은 제자훈련이 실패했다고 주장합니다. 그들은 주로 '훈련의 결과가 삶의 변화로 이어지지 못했다'는 점을 지적합니다. 이들의 비판은 단순히 부정적인 비난이라기보다, 한국 교회와 현대 기독교가 놓치고 있는 본질적인 부분에 대한 뼈아픈 성찰인 경우가 많습니다.

그래서 제자훈련 자체를 아예 교회 내에서 하지 않고 다른 훈련 프로그램이나 성경 공부 프로그램으로 대체하는 경우들도 있습니다. 과연 이 문제를 어떻게 해결할 수 있을까? 어떤 좋은 성경적인 방법이 없을까? 저 역시 오랫동안 고민해 왔습니다.

오랫동안 고민하고 묵상하고 기도하던 결과, '아, 이것밖에 없구나, 성령님이 제자훈련을 하셔야 제자훈련이 성공하게 되는구나!' 성령님이 제자훈련을 주도하셔야 한다는 결론을 내렸습니다. 그래서 옥한흠 목사님도 역시 '성령이여, 제자훈련을 당신이 직접 하옵소서'라고 외칠 수밖에 없었구나 하는 생각이 들었습니다. 이 부분은 17장에서 다룹니다.

제자훈련의 성공 여부, 왜 성령님일까요?

첫째, 죄의 실상을 깨닫게 하시는 분이 성령님이기 때문입니다.

제자훈련의 출발은 '내가 죄인임'을 처절하게 깨닫는 것입니다. 로마서 3장에서 보았듯, 인간은 스스로 깨달을 능력이 없습니다.

로마서 3장 11절, "깨닫는 자도 없고 하나님을 찾는 자도 없고"

그렇다면 누가 그것을 깨닫게 하시겠습니까? 인간이 아니라 바로 성령님이십니다.

요한복음 16장 8절, "그가 와서 죄에 대하여, 의에 대하여, 심판에 대하여 세상을 책망하시리라"

좋은 교재가 죄를 분석할 수는 있지만, 그 죄 때문에 가슴을 치며 회개하게 만드는 것은 오직 성령님의 '책망' 사역입니다. 성령 없는 훈련은 '죄의 나열'에 그치지만, 성령님의 훈련은 '회개와 회복'으로 이어집니다.

둘째, 말씀이 지식에 머물지 않고 실제 삶이 되도록 조명하시는 분이 성령님이기 때문입니다.

제자훈련은 성경 지식을 머리에 채우는 것이 아니라, 말씀이 인격이 되는 과정입니다.

인간 훈련자는 성경의 문자를 가르치지만, 성령님은 그 말씀의 '의미'를 깨닫게 하시고 삶의 현장에서 그 말씀이 '생각나게' 하십니다. 성령님의 조명 없이는 제자훈련은 지식을 전달하는 성경 공부와 다를 바가 없습니다. 어떻게 그 제자훈련이 성공할 수 있겠습니까?

셋째, 존재의 변화(성품의 열매)를 일으키는 유일한 동력이 되시는 분이 성령님이기 때문입니다.

제자훈련의 성공은 '얼마나 아느냐'가 아니라 '얼마나 변했느냐'에 있습니다. 인격의 변화는 인간의 의지로 불가능합니다. 제자의 인격은 훈련생의 결심이 아니라 '성령님의 내주하심과 다스림'의 결과물입니다. 성령의 열매는 훈련생이 노력한다고 해서 풍성하게 맺어지는 것이 아닙니다. 성령님께서 그 열매를 맺게 하셔야만 풍성하게 맺어지는 것입니다. 그러므로 제자훈련의 핵심인 성령의 열매가 훈련생에게 맺어져야만 제자훈련이 성공하는 것이며, 바로 이 사역을 성령님이 하십니다.

넷째, 증인의 삶(사명)을 감당할 권능을 주시는 분이 성령님이기 때문입니다.

제자훈련의 종착역은 마태복음 28장 19-20절에서 예수님이 말씀하신 대로 다른 사람을 제자로 삼는 '사명자'가 되는 것입니다. 이 사명은 인간의 열정만으로는 금방 소진되고 맙니다.

마태복음 28장 19-20절, "그러므로 너희는 가서 모든 민족을 제자로 삼아 아버지와 아들과 성령의 이름으로 세례를 베풀고 내가 너희에게 분부한 모든 것을 가르쳐 지키게 하라 볼지어다 내가 세상 끝날까지 너희와 항상 함께 있으리라 하시니라"

이 일을 과연 누가 가능하게 하실까요? 바로 성령님이십니다.

사도행전 1장 8절, "오직 성령이 너희에게 임하시면 너희가 권능을 받고 예루살렘과 온 유대와 사마리아와 땅끝까지 이르러 내 증인이 되리라 하시니라"

훈련을 마친 자가 세상으로 나갈 때 필요한 것은 세련된 전도법이

아니라 '성령의 권능'입니다. 성령님께 사로잡히지 않은 제자는 이론가
는 될 수 있어도, 세상을 뒤집는 증인은 될 수 없습니다.

그러므로 훈련자가 제자훈련을 위해 교재를 연구하고 환경을 준비
하는 것도 중요하지만, 가장 중요한 준비는 '성령님의 일하심을 구하
는 기도'입니다. 훈련자가 훈련생의 마음을 열 수 없고, 훈련자가 훈련
생의 삶을 고칠 수 없습니다. 훈련자는 그저 성령의 통로일 뿐입니다.
훈련자가 성령님을 철저히 의지하며 성령님의 인도하심을 따를 때
성령님이 친히 훈련생들을 예수님의 제자로 빚어 가실 것입니다. 그러
므로 제자훈련의 성공은 성령님께 달려 있다고 확실하게 말할 수 있습
니다.

제자훈련은 단순히 지식을 전달하거나 사람의 습관을 바꾸는 프로
그램이 아니라, 한 사람의 영적 존재 자체가 변화되는 과정입니다. 제
자훈련의 목적인 성품의 변화, 삶의 변화, 능력의 변화가 일어나야 제
자훈련이 성공하는 것인데, 이 변화를 주관하시는 분이 성령님이십니
다. 그러므로 성경은 제자훈련의 시작과 과정, 그리고 열매 맺는 모든
순간이 성령님의 역사임을 분명히 하고 있습니다.
인간의 의지나 교육과 프로그램만으로 한 사람을 변화시킬 수가 없
습니다. 성령님이 역사하실 때만 진정한 변화가 일어날 수 있습니다.

에스겔 36장 26-27절, "또 새 영을 너희 속에 두고 새 마음을 너희에

게 주되 너희 육신에서 굳은 마음을 제거하고 부드러운 마음을 줄 것
이며 또 <u>내 영</u>을 너희 속에 두어 너희로 내 율례를 행하게 하리니 너
희가 내 규례를 지켜 행할지라"

이 말씀은 성령님이 사람의 마음속에 새 마음을 주셔서 굳은 마음을
제거하고, 부드러운 마음을 주셔서 하나님의 말씀대로 행하게 한다는
말입니다. 그 사람을 완전히 변화시킨다는 말씀입니다.

성령님은 그 사람을 가르치시고, 알게 하시고, 깨닫게 하시고, 생각
나게 하시고, 말씀대로 살 수 있도록 인도하십니다. 이렇게 하시면 그
사람은 완전히 변화될 수밖에 없게 됩니다. 예수님이 보내시는 성령님
만큼 이러한 일들을 잘 할 수 있는 분이 과연 계실까요?

요한복음 14장 26절, "보혜사 곧 아버지께서 내 이름으로 보내실 성
령 그가 너희에게 모든 것을 <u>가르치고</u> 내가 너희에게 말한 모든 것을
<u>생각나게 하리라</u>"

요한복음 16장 13절, "그러나 진리의 성령이 오시면 그가 너희를 모든
<u>진리 가운데로 인도하시리니</u> 그가 스스로 말하지 않고 오직 <u>들은 것</u>
<u>을 말하며</u> 장래 일을 너희에게 알리시리라"

예수님께서 제자들에게 '지상명령'을 주셨지만 그 명령을 실행하기
전에 성령을 기다리라고 말씀하셨고, 성령의 권능을 받으라고 말씀하

셨습니다. 아무리 잘 준비된 훈련생이라도 성령의 권능 없이는 복음을 전하는 예수 그리스도의 증인이 될 수 없기 때문입니다. 아래 성경 구절들은 예수님이 제자들에게 주신 '지상명령'과 '성령을 기다리라'는 말씀과 '성령의 권능을 받으라'는 말씀입니다.

마태복음 28장 19-20절, "그러므로 너희는 가서 모든 민족을 제자로 삼아 아버지와 아들과 성령의 이름으로 세례를 베풀고 내가 너희에게 분부한 모든 것을 가르쳐 지키게 하라 볼지어다 내가 세상 끝날까지 너희와 항상 함께 있으리라 하시니라"

사도행전 1장 4절, "사도와 함께 모이사 그들에게 분부하여 이르시되 예루살렘을 떠나지 말고 내게서 들은 바 아버지께서 약속하신 것을 기다리라"

사도행전 1장 8절, "오직 성령이 너희에게 임하시면 너희가 권능을 받고 예루살렘과 온 유대와 사마리아와 땅끝까지 이르러 내 증인이 되리라 하시니라"

성령님이 하시지 않는 제자훈련은 종교적 율법주의, 형식주의에 빠질 위험성이 있습니다. 성경 지식만 늘어나고, 교만과 우월감에 빠질 수 있습니다. 그래서 교회 안에서 제자훈련 받은 사람은 자기가 특별한 사람이고, 뛰어난 사람인 양 그렇지 못한 자들을 무시하고 판단하는 경우들이 참 많이 있습니다. 하나님이 원하시는 것은 경건의 모양이 아니라 경건의 능력인데, 성령님은 제자훈련을 통해서 경건의 능력을 갖춘 사람으로 변화시키십니다. 이렇게 바꾸어지는 것은 인간의 힘으로 되는 것이 아니라 스가랴서의 말씀처럼 '오직 나의 영', '성령'으로만 되는 것입니다.

> 디모데후서 3장 5절, "경건의 모양은 있으나 경건의 능력은 부인하니 이 같은 자들에게서 네가 돌아서라"

> 스가랴 4장 6절, "그가 내게 대답하여 이르되 여호와께서 스룹바벨에게 하신 말씀이 이러하니라 만군의 여호와께서 말씀하시되 이는 힘으로 되지 아니하며 능력으로 되지 아니하고 오직 나의 영으로 되느니라"

제자훈련은 '성령의 파도'를 타는 것과 같습니다. 목회자들이 아무리 열심히 노를 저어도, 즉 제자훈련을 열심히 시켜도 성령의 바람이 불지 않으면 배는 앞으로 나아가지 않는 것처럼 제자훈련이 성공할 수가 없습니다. 성령님이 주도하시도록 제자훈련의 키를 내드리는 것이 제자훈련이 성공할 수 있는 열쇠입니다.

제자훈련의 실패 요인으로 지적되는 '삶의 변화 부재'는 훈련의 방법론 문제가 아니라 '성령님의 주도권' 상실에서 기인합니다. 제자훈련이 성공하기 위해 성령님이 반드시 역사하셔야 하는 이유는 다음과 같습니다.

인간은 스스로 죄를 깨달을 수 없으며, 오직 성령님의 '책망' 사역을 통해서만 진정한 회개와 회복에 이를 수 있습니다. 성경 지식이 단순한 정보에 머물지 않고 생명이 되어 인격으로 녹아내리게 하는 것은 성령님의 '조명 사역'뿐입니다.

인간의 의지로는 성품을 바꿀 수 없습니다. 성령께서 우리 안의 굳은 마음을 제거하고 부드러운 마음을 주실 때 비로소 성령의 열매가 맺힙니다. 제자훈련의 완성인 '증인의 삶'은 세련된 기술이 아니라 성령님이 주시는 '권능'으로만 가능합니다.

제자훈련은 인도자가 노를 젓는 행위를 넘어, 성령의 바람을 타는 과정입니다. 인도자는 자신이 통로임을 인정하고 기도를 통해 성령님께 훈련의 키를 내드려야 제자훈련이 성공할 수 있습니다.

▦ 질문 ▦

1. 제자훈련이 지식 전달 수준의 성경 공부로 전락하지 않고, 말씀이 삶의 현장에서 생각나고 인격화되도록 돕는 성령님의 사역을 무엇이라고 합니까?

2. 제자훈련에서 성령님의 역할은 무엇이라고 생각합니까?

3. 제자훈련의 성공을 위해 인도자가 준비해야 할 가장 중요한 요소로 꼽은 것
   은 무엇입니까?

6장

예수님의 제자훈련은 마무리되었다. 이제는?

　예수님이 세례 받으신 때부터 부활하시기까지의 약 3년을 공생애라고 부릅니다. 예수님이 이 땅에 계실 때 공생애 기간 중에 제자들을 부르셔서 제자훈련을 하셨습니다. 성경에 보면 예수님이 제자훈련을 하셨다는 말도 없고 어떤 내용으로 제자들을 훈련시키셨는가 그 내용을 찾을 수가 없습니다.

　예수님은 제자들과 함께 생활하셨습니다. 그 생활을 통해서 제자들은 예수님으로부터 삶을 나누면서 체험적으로 배웠습니다. '도제교육'이라고 할 수 있습니다. '도제교육(徒弟敎育)'이란 스승과 제자가 함께 살면서 스승으로부터 배우는 것을 말하는데 단순히 기술이나 지식만을 배우는 것이 아니라 스승의 삶과 인격까지 배우는 것을 말합니다.

　예수님은 제자들을 직접 가르치시기도 하셨고, 제자들은 예수님의 지혜와 삶의 모습과 태도, 기적과 놀라운 일들을 보고 배우고 체험하기도 했습니다. 우리는 이것들을 보고 '예수님이 제자훈련을 하셨다'고 말합니다.

어떤 면에서 보면 이것이 진정한 제자훈련이라고 말할 수 있습니다. 예수님과 함께 살면서 예수님으로부터 직접 듣고 보고 체험하면서 훈련을 받았다는 것은 놀라운 훈련이지요. 그렇다면 지금은 이런 제자훈련을 받을 수가 있을까요?

한마디로 말하면 그런 제자훈련을 받을 수가 없습니다. 그 이유는,

첫째, 육신을 입으신 예수님이 이 땅에 계시지 않기 때문입니다.

예수님이 육신을 입고 이 땅에 계실 때는 '인간'으로서의 제한 속에 계셨습니다. 그 당시에는 제자들은 물리적으로 예수님과 함께 먹고 자며, 예수님이 가시는 곳으로 이동해야만 훈련을 받을 수 있었습니다. 그런데 현재는 예수님은 부활 승천하셔서 하나님 보좌 우편에 계십니다. 따라서 육신을 가진 예수님을 따라다니는 '물리적 동행'은 더 이상 가능하지 않습니다.

둘째, 예수님의 제자훈련은 단회적 역사적 사건이기 때문입니다.

육신의 몸을 입고 이 땅에 오신, 성육신하신 예수님과 직접 동행하며, 눈으로 보고, 귀로 듣고, 함께 먹고 자며, 기적과 십자가, 부활을 현장에서 체험한 훈련은 구속사적 역사 속에서 단 한 번 일어난 사건입니다.

요한복음 1장 14절, "말씀이 육신이 되어 우리 가운데 거하시매 우리가 그의 영광을 보니 아버지의 독생자의 영광이요 은혜와 진리가 충만하더라"

지금은 예수님께서 더 이상 육신을 입고 이 땅에서 제자들을 모아 훈련하시는 시대가 아닙니다. 따라서 형태와 방식에서 그때와 동일한 제자훈련은 불가능합니다. 그러나 형식은 단회적으로 마무리되었으나, 그 내용과 정신은 성령님을 통해 계속됩니다.

셋째, 예수님처럼 놀라운 지식과 지혜와 가르침과 행함을 보여 주고 가르쳐 주실 스승이 이 세상에는 없기 때문입니다.

예수님의 말씀에는 놀라운 권세가 있었습니다. 예수님 당시 사람들은 남의 말을 인용하며 가르치던 서기관들과는 달리, 진리 그 자체를 선포하시는 예수님의 가르침에 큰 충격을 받았습니다. 예수님께서 산 위에서 산상수훈을 가르치시기를 마치셨을 때 모인 무리들의 반응은 대단했습니다.

마태복음 7장 28-29절, "예수께서 이 말씀을 마치시매 무리들이 그의 가르치심에 놀라니 이는 그 가르치시는 것이 권위 있는 자와 같고 그들의 서기관들과 같지 아니함일러라"

예수님께서 공생애 초기, 회당에서 가르치실 때 사람들은 예수님의 교훈에 놀랐습니다.

마가복음 1장 22절, "뭇 사람이 그의 교훈에 놀라니 이는 그가 가르치시는 것이 권위 있는 자와 같고 서기관들과 같지 아니함일러라"

예수님은 귀신을 내쫓으실 때에도 말씀의 권위와 능력이 강력하게 나타났습니다.

누가복음 4장 36절, "다 놀라 서로 말하여 이르되 이 어떠한 말씀인고 권위와 능력으로 더러운 귀신을 명하매 나가는도다 하더라"

자연 만물조차 예수님의 말씀 한마디에 복종했습니다.

누가복음 8장 25절, "제자들에게 이르시되 너희 믿음이 어디 있느냐 하시니 그들이 두려워하고 놀랍게 여겨 서로 말하되 그가 누구이기에 바람과 물을 명하매 순종하는가 하더라"

예수님은 성령과 지혜가 충만했습니다.

이사야 11장 2절, "그의 위에 여호와의 영 곧 지혜와 총명의 영이요 모략과 재능의 영이요 지식과 여호와를 경외하는 영이 강림하시리니"

가르침에 이런 권세와 능력과 지혜를 갖고 계신 스승이 이 세상에 어디 있겠습니까? 육신을 입고 있는 인간 중에서는 당연히 없습니다. 이런 스승이신 예수님께서 제자들의 곁을 떠났습니다. 육신의 몸을 입으신 스승이 안 계시게 된 것입니다.

자, 그렇다면 육신의 몸을 입고 제자들을 가르치신 예수님의 제자훈련은 마무리가 되었다고 말할 수 있습니다.

그러므로 오늘 우리가 육신을 입으신 예수님께 직접 제자훈련을 받는 것은 더 이상 가능하지 않습니다. 예수님은 이미 그 사명을 성령님께 위임하셨기 때문입니다.

예수님의 제자훈련이 마무리되었다는 것은 다음의 사실들을 통해 더 잘 알 수 있습니다.

첫째, 예수님이 제자들에게 이제는 너희가 가서 제자를 삼으라고 하셨습니다.

보통 훈련이나 교육을 마치면 '이제 떠나라, 독립하라'고 말합니다. 나는 떠나니 이제 내가 한 일을 너희들이 이어서 하라는 것입니다. 예수님이 제자들의 곁을 떠나시기 전에 제자들에게 사명을 주셨습니다. 이것을 '대사명(The Great Commission)'이라고 합니다.

마태복음 28장 18-20절, "예수께서 나아와 말씀하여 이르시되 하늘

여기서 '모든 민족을 제자로 삼아 내가 너희에게 분부한 모든 것을 지키게 하라'는 예수님의 말씀을 '제자훈련을 시키라'는 말씀으로 받아들여도 될 것입니다.

둘째, 예수님은 성령님이 오셔서 제자훈련을 하실 것을 말씀하셨습니다.

내가 이제 너희 곁을 떠나니 내 대신에 성령님께서 오셔서 제자훈련을 시킬 것이라고 말씀하셨습니다. 예수님께서 제자훈련을 성령님께 위임하셨다고 말할 수 있습니다. 그렇게 하는 것이 제자들에게는 더 유익하다고 말씀하셨습니다. 이것은 예수님의 제자훈련이 성령님으로 이어져 계속된다는 말씀이 아니라, 육신을 입으신 예수님의 제자훈련은 이제 마무리가 되고 성령님의 제자훈련이 새로이 시작된다는 것을 의미합니다. 그렇지 않다면 예수님이 제자들에게 '보혜사 성령님이 오시는 것이 유익하다'는 말씀을 하시지 않았을 것입니다.

에게로 오시지 아니할 것이요 가면 내가 그를 너희에게로 보내리니”

예수님께서 제자들을 더 가르쳐야 하고, 제자들에게 알려주고 훈련시켜야 할 것이 많이 있는데, 지금의 제자들의 상태로는 그것을 감당하기가 힘들다고 말씀하시면서 내 뒤에 성령님이 오시면 그분이 너희들을 가르치고 훈련시킬 것이라고 말씀하셨습니다. 아래 성경 구절은 이러한 의미를 갖고 있습니다.

요한복음 16장 12-13절, “내가 아직도 너희에게 이를 것이 많으나 지금은 너희가 감당하지 못하리라 그러나 진리의 성령이 오시면 그가 너희를 모든 진리 가운데로 인도하시리니 그가 스스로 말하지 않고 오직 들은 것을 말하며 장래 일을 너희에게 알리시리라”

예수님은 성령님이 오셔서 가르치실 내용, 즉 제자훈련 시키실 내용까지 말씀하셨습니다. 성령님은 ‘죄에 대해서, 의에 대해서, 심판에 대해서 가르치실 것이다’라고 말씀하셨습니다.

요한복음 16장 8-11절, “그가 와서 죄에 대하여, 의에 대하여, 심판에 대하여 세상을 책망하시리라 죄에 대하여라 함은 그들이 나를 믿지 아니함이요 의에 대하여라 함은 내가 아버지께로 가니 너희가 다시 나를 보지 못함이요 심판에 대하여라 함은 이 세상 임금이 심판을 받았음이라”

성령님이 하시는 제자훈련의 내용은 하나님의 것, 하나님에 관한 것, 예수님의 것, 예수님에 관한 것입니다. 다른 어떤 것을 가르치는 것이 아닙니다.

요한복음 16장 13-15절, "그러나 진리의 성령이 오시면 그가 너희를 모든 진리 가운데로 인도하시리니 그가 스스로 말하지 않고 오직 들은 것을 말하며 장래 일을 너희에게 알리시리라 그가 내 영광을 나타내리니 내 것을 가지고 너희에게 알리시겠음이라 무릇 아버지께 있는 것은 다 내 것이라 그러므로 내가 말하기를 그가 내 것을 가지고 너희에게 알리시리라 하였노라"

그렇기 때문에 예수님은 성령님이 오실 것을 사모하며 기다리라고 하셨습니다.

사도행전 1장 4-5절, "사도와 함께 모이사 그들에게 분부하여 이르시되 예루살렘을 떠나지 말고 내게서 들은 바 아버지께서 약속하신 것을 기다리라 요한은 물로 세례를 베풀었으나 너희는 몇 날이 못 되어 성령으로 세례를 받으리라 하셨느니라"

예수님은 부활 승천하셨습니다. 제자들의 곁을 떠나셨습니다. 그러나 예수님의 영이 우리와 항상 함께하십니다. 예수님의 영이란 바로 성령님을 말합니다. 이제 항상 우리와 함께하시는 성령님이 예수님의 위임을 받아 제자훈련을 하시는 것입니다.

자, 그러면, 예수님의 제자훈련과 성령님이 주도하시는 제자훈련은 어떤 연관이 있습니까?

첫째, 육신을 입고 계실 때 하신 예수님의 제자훈련은 외부적으로 마무리가 된 것은 사실입니다.

앞에서도 말씀드렸듯이 더 이상 그러한 제자훈련이 있을 수가 없습니다.

둘째, 제자훈련이 동일한 주체, 다른 방식으로 바뀌어진 것입니다.

예수님의 제자훈련에서는 예수님이 주체가 되셨지만 성령님이 주도하시는 제자훈련에서는 성령님이 주체가 되는 것입니다. 그런데 예수님과 성령님은 한 하나님이시오, 예수 그리스도의 영이 성령이시기 때문에 제자훈련의 주체가 동일하다고 말할 수 있습니다.

그러므로 예수님과 성령님은 분리된 두 스승이 아닙니다. 성령님은 예수님의 가르침과 전혀 다른 새로운 것을 가르치지 않습니다. 도리어 그 가르침을 내면화하고 실행하게 합니다.

요한복음 14장 26절, "보혜사 곧 아버지께서 내 이름으로 보내실 성령 그가 너희에게 모든 것을 가르치고 내가 너희에게 말한 모든 것을 생각나게 하리라"

셋째, 외적 제자훈련에서 내적 제자훈련으로 심화되고 강화되었습니다.

예수님의 제자훈련은 지상에서의 제자훈련이었습니다. 눈에 보이는 스승과 함께 걷고, 보고, 듣는 훈련을 했습니다. 말씀과 행동으로 외부에서 제자들을 가르쳤습니다. 그러나 성령님이 주도하시는 제자훈련에서는 눈에 보이지 않는 스승이신 성령님이 훈련생들의 마음과 생각과 동기까지 다루는 훈련을 시킵니다. 그러니 성품과 존재의 변화가 나타나게 됩니다.

히브리서 8장 10절, "또 주께서 이르시되 그날 후에 내가 이스라엘 집과 맺을 언약은 이것이니 내 법을 그들의 생각에 두고 그들의 마음에 이것을 기록하리라 나는 그들에게 하나님이 되고 그들은 내게 백성이 되리라"

여기서 "내 법을 그들의 생각에 두고 그들의 마음에 이것을 기록하리라"는 말씀은 성령을 통한 내면적 변화를 말하는데 여기서 "기록하리라"는 표현은 단순히 무엇을 적는다는 것을 의미하지 않고 심령에 새기는 것을 말합니다. 이것을 누가 하나요? 성령님이 하십니다. 즉 성령님이 제자훈련을 하실 때 이런 일이 일어난다는 말입니다.

성령님은 제자훈련을 하시면서 하나님의 뜻이 무엇인지 깨닫게 하시고(생각), 그 말씀대로 살고 싶은 열망(마음)을 부어 주십니다. 에스겔 36장 26-27절의 예언처럼 "굳은 마음을 제거하고 부드러운 마음을 주어" 하나님의 율례를 지키게 하시는 초자연적인 역사가 일어나는 것입니다.

> 에스겔 36장 26-27절, "또 새 영을 너희 속에 두고 새 마음을 너희에게 주되 너희 육신에서 굳은 마음을 제거하고 부드러운 마음을 줄 것이며 또 내 영을 너희 속에 두어 너희로 내 율례를 행하게 하리니 너희가 내 규례를 지켜 행할지라"

예수님의 제자들은 이미 약 3년 동안 제자훈련 받았지만 성령님 오시기 전에는 증인이 될 수가 없었습니다. 다시 말하면 성령님이 오셔서 이들을 가르치시고 제자훈련을 시키시기 전까지 증인으로서 사명을 감당할 수가 없었다는 말입니다. 그래서 예수님도 제자들에게 성령을 기다리라고 말씀하신 것입니다. 성령님이 오셔서 제자훈련을 통해 제자들을 더 심화시키고 강화시켰기 때문에 그들은 능력 있는 증인이 될 수 있었던 것입니다.

넷째, 예수님의 제자훈련의 초점이 '이해와 준비'였다면 성령님이 주도하시는 제자훈련은 '실행과 확장'입니다.

예수님의 제자훈련은 말씀을 이해하고 증인이 될 것을 준비하는 과정이었습니다. 예수님의 제자들은 제자훈련을 통해서 예수님의 말씀을 이해하고 예수님의 삶을 이해하고 예수님의 제자로서 증인이 될 것을 준비했습니다. 이런 제자훈련을 받으면서도 제자들은 여러 가지로 미비하고 부족했습니다. 예수님의 말씀을 깨닫지 못한 적도 있고, 예수님이 누구신지도 정확하게 알지 못한 적도 있었고, 사람을 낚는 어부의 사명을 버리고 다시 고기 잡는 어부로 돌아가 버리고, 예수님을 부인하고… 얼핏 보면 예수님의 제자훈련이 잘 되었는가 하는 의구심이 있을 수 있습니다. 그러나 예수님의 가르침과 제자훈련을 통해 말씀의 씨가 그들의 심령 속에 뿌려졌고 그것들이 내면에 자리 잡았던 것입니다. 사라졌다고 말할 수 없습니다.

그러나 성령님이 오셔서 제자들을 본격적으로 훈련을 시키면서 제자들의 내면에 자리 잡고 있었던 예수님의 말씀과 훈련시킨 것들이 자라서 밖으로 힘차게 드러나게 된 것입니다. 씨가 자라서 30배, 60배, 100배의 열매를 맺게 된 것입니다. 이것들이 제자들을 통해서 강력하게 실행이 되고 사방으로 확장이 됩니다.

육신을 입고 있을 때에 하셨던 예수님의 제자훈련을 우리가 계속 사모하고 바라보고 그것을 실행하려고 애쓰는 것보다는, 이제 예수님이 위임하신 성령님이 주도하시는 제자훈련을 하려고 하는 것을 예수님도 원하시고 성령님도 기뻐하실 것입니다.

예수님은 공생애 동안 제자들과 함께 생활하며 삶으로 가르치는 제자훈련을 하셨는데, 이는 성육신하신 예수님과의 직접적 동행 속에서 이루어진 역사적으로 단회적인 훈련이었습니다. 예수님이 부활, 승천하신 이후에는 이러한 형태의 제자훈련은 더 이상 가능하지 않습니다.

예수님은 제자훈련을 마치신 후 제자들에게 모든 민족을 제자로 삼으라는 대사명을 주셨고, 동시에 보혜사 성령님의 오심을 약속하셨습니다. 이는 예수님의 제자훈련이 성령님께 위임되었음을 의미합니다.

성령님이 주도하시는 제자훈련은 예수님의 가르침을 대체하는 것이 아니라, 그것을 내면화하고 실제 삶에서 실행하게 하는 훈련입니다. 예수님의 제자훈련이 이해와 준비의 단계였다면, 성령님의 제자훈련은 실행과 확장의 단계로서 제자들을 증인으로 세웁니다.

■ 질문 ■

1. 왜 오늘날 우리는 예수님이 육신으로 하셨던 제자훈련을 그대로 받을 수 없습니까?

2. 예수님의 제자훈련과 성령님이 주도하시는 제자훈련의 가장 큰 차이는 무엇입니까?

3. 성령님이 오신 후 제자훈련의 초점은 어떻게 변화되었습니까?

더 이상 성령님을 교회에서 밀어내지 마세요

성령님은 교회의 설립자이십니다. 교회의 공식적인 시작은 오순절 성령 강림 사건입니다. 예수님이 약속하신 성령이 임했을 때 비로소 '교회'라는 공동체가 태동했습니다.

사도행전 2장 41-47절, "그 말을 받은 사람들은 세례를 받으매 이 날에 신도의 수가 삼천이나 더하더라 그들이 사도의 가르침을 받아 서로 교제하고 떡을 떼며 오로지 기도하기를 힘쓰니라 사람마다 두려워하는데 사도들로 말미암아 기사와 표적이 많이 나타나니 믿는 사람이 다 함께 있어 모든 물건을 서로 통용하고 또 재산과 소유를 팔아 각 사람의 필요를 따라 나눠 주며 날마다 마음을 같이하여 성전에 모이기를 힘쓰고 집에서 떡을 떼며 기쁨과 순전한 마음으로 음식을 먹고 하나님을 찬미하며 또 온 백성에게 칭송을 받으니 주께서 구원받는 사람을 날마다 더하게 하시니라"

성령님은 교회의 선교 방향과 파송 대상을 직접 지시하셨습니다. 최

초의 선교사를 세우고 안디옥 교회를 통해 복음을 확장시킨 주체는 사람이 아닌 성령님이셨습니다.

<blockquote>사도행전 13장 2-4절, "주를 섬겨 금식할 때에 성령이 이르시되 내가 불러 시키는 일을 위하여 바나바와 사울을 따로 세우라 하시니 이에 금식하며 기도하고 두 사람에게 안수하여 보내니라 두 사람이 성령의 보내심을 받아 실루기아에 내려가 거기서 배 타고 구브로에 가서"</blockquote>

성령님은 교회의 실제적인 '운영자'이십니다. 사람이 투표로 감독자를 뽑은 것 같으나, 실상은 성령님이 교회를 돌볼 책임자로 감독자를 임명하셨다는 것입니다. 이것을 보면 교회 리더인 감독자를 세우고 직무를 맡기는 최종 권한이 성령님께 있음을 알 수 있습니다.

<blockquote>사도행전 20장 28절, "여러분은 자기를 위하여 또는 온 양 떼를 위하여 삼가라 성령이 그들 가운데 여러분을 감독자로 삼고 하나님이 자기 피로 사신 교회를 보살피게 하셨느니라"</blockquote>

성령님이 교회의 중요한 행정적 결정과 갈등 해결의 주체가 되십니다. 예루살렘 공의회에서 교회의 중요한 법규를 정할 때, 사도들은 자신들의 결정 이전에 '성령의 결정'이 먼저 있었음을 고백합니다.

<blockquote>사도행전 15장 28절, "성령과 우리는 이 요긴한 것들 외에는 아무 짐</blockquote>

성령님은 교회 내의 다양한 은사와 역할을 성령님의 뜻과 판단에 따라 나누어 주시고 배치하십니다.

고린도전서 12장 11절, "이 모든 일은 같은 한 성령이 행하사 그의 뜻대로 각 사람에게 나누어 주시는 것이니라"

성령님은 교회의 진정한 교사이십니다. 성령님은 모든 것을 가르치시고, 진리 가운데로 인도하시고, 영적인 것을 분별하게 하시고, 사람의 가르침을 초월하는 기름을 부으십니다.

이런 성령님이 교회에서 점점 밀려나고 있습니다. 교회의 설립자요 실제적인 운영자이신 **성령님이 이렇게 밀려나고 있는 이유는 무엇일까요?** 여러 가지 이유들이 있을 수 있지만 저는 제자훈련의 관점에서만 말하겠습니다.

첫째, 성령님을 전적으로 인정하지 않고 있기 때문입니다.

사람들도 자기가 속한 직장이나 단체나 공동체에서 인정을 받지 못하면 그곳을 떠납니다. 실력이 없어서 인정을 못 받는다면 그야 어찌하겠습니까만 곡해로 인해 인정을 못 받는다면 당사자의 입장에서 너무나 서운하지요. 점점 속해 있는 곳에서 밀려나게 됩니다.

교회들도 마찬가지입니다. 성령님을 인정하려면 100% 인정해야 하는데 모든 교회가 다 인정을 하지는 않는 것 같습니다. 성경에 기록된 이적과 기적을 비합리적이라는 이유로 부정하고, 이를 근거로 성경의 정경성(Canonicity), 즉 성경이 하나님의 권위 있는 말씀임을 부인하듯, 성령님에 관해 성경이 말하는 내용임에도 불구하고 여러 가지 이유로 인해 100% 인정하지 못하고, 받아들이지 못하고 비판하고 비난하는 일들이 일어나고 있는 상황입니다.

성령님의 사역이 맞고 성령님의 역사가 분명한데도 아니라고 부정하고 부인하는 일들이 계속 일어난다면 성령님은 교회에 더 이상 계실 이유가 없을 것입니다. 성경에서 말하고 있는 성령님의 은사와 일하심의 현상들이 나타나고 있는데 이것을 신비주의라고 이단시하고 더 이상 이런 일을 하지 못하도록 경고하고 경계하는 상황이라면 그런 교회에서 '성령님이 주도하시는 제자훈련'이 가능할까요?

물론 성경에 어긋난 신비주의 이단들이 여기저기서 일어나고 있습니다. 우리는 성경을 기준으로 진짜와 가짜를 잘 분별해야 하는 것이 매우 중요합니다. 그러나 빈대 잡으려다 초가삼간 태우는 일이 일어나지 않아야 합니다. 구더기 무서워서 장을 담그지 못하는 일이 일어나서는 안 됩니다. 빈대만 잡으면 되고 구더기가 안 생기도록 장을 담그면 되는 것입니다.

둘째, 제자훈련이 인간적으로 진행되기 때문입니다.

앞에서 말씀드렸듯이 제자훈련은 예수님께서 위임해 주신 성령님의 사역이 되었습니다. 그러면 이제 제자훈련은 성령님의 주도하에 이루어져야 합니다. 그런데 겉으로는 성령님이 제자훈련을 주도하고 있는 것처럼 보이는데, 실제로는 인간 사역자들이 제자훈련을 주도하고 있는 것 같습니다.

성령님을 들러리로 세우고, 성령님을 단지 돕는 자 정도로만 여기며 지금까지 제자훈련이 진행되어 오지는 않았습니까? 제자훈련에서 성령님이 배제된 것처럼 보이는 이유는 무엇일까요?

제자훈련 하는 교회와 제자훈련을 하는 사역자들 중에서 '제자훈련을 해도 사람이 변하지 않는다.'라든지 '이제 제자훈련을 그만해야 하는 것이 아닌가?'라고 부정적으로 생각하는 사람들이 늘어나고 있는 실정입니다.

큰 교회에서 제자훈련을 하고 있는가? 실력 있고 유능한 사역자들이 제자훈련을 하고 있는가? 제자훈련에 대해 많은 경험과 임상을 갖고 있는 교회와 사역자들이 제자훈련을 하고 있는가? 좋은 커리큘럼과 좋은 교재가 있는가? 이런 것들이 마치 제자훈련의 성공적인 요인들이라고 생각하고 있습니다.

이것은 성령님을 제외한 인간 중심의 제자훈련이요, 형식 중심의 제자훈련이라고 말할 수 있습니다. 이런 상황 속에서 이루어지는 제자훈련 속에 성령님이 과연 개입하실 수 있겠습니까? 제자훈련은 성령님이 주도하시는 사역인데 성령님이 비집고 들어갈 공간이 있겠습니까?

셋째, 제자훈련의 목적이 변질되어 가기 때문입니다.

본래 제자훈련의 목적은 성도 한 사람을 '예수 그리스도의 장성한 분량'에까지 이르게 하여, 성령님의 인도하심에 따라 하나님의 영광을 위하여 살게 하는 것입니다. 그러나 많은 교회의 제자훈련이 본질에서 벗어나 비성경적인 방향으로 흘러가고 있다는 비판이 많습니다.

'예수님의 제자'가 아닌 '교회의 일꾼'을 양성하는 방향으로 흘러갑니다. 물론 교회 일꾼 양성도 중요하고 필요합니다만 주객이 전도된 것 같습니다. 성령의 열매를 맺는 인격적 성숙보다, 교회의 각종 봉사와 행정 시스템을 돌릴 '기능적인 인력'을 만드는 데 치중하면 안 됩니다.

제자훈련이 하나의 '커리큘럼'이나 '학위 과정'처럼 변한 것 같습니다. 수개월 동안 교재를 다 떼고, 성경 구절을 암기하고, 과제를 제출하면, '제자'가 되었다는 수료증을 줍니다. 그러면 그 제자훈련이 성공적으로 끝난 것입니까?

제자훈련을 받은 사람들은 그 교회에서 핵심적인 일꾼으로 선택되어 교회의 중요한 일들을 합니다. 그러다 보니 자기가 제자훈련을 받았다는 사실에 자부심을 느낍니다. 자기는 제자훈련을 받지 않은 사람에 비해 우월하다고 느끼게 됩니다. 제자훈련을 받은 사람과 받지 않은 사람들과는 교회 안에서 큰 괴리가 생깁니다. 이것을 과연 성령님이 기뻐하실까요?

이런 것들을 살펴보면, 그 제자훈련에 성령님이 계실 자리가 없는 것입니다. 성령님이 필요하다고 진심으로 요청을 하지도 않는 것 같습니다. 이런 안타까운 일들은 자기도 모르는 사이에 성령님을 제자훈련에서, 그리고 교회에서 밀어내는 그런 결과를 가져옵니다.

제자훈련은 성령님이 주도하셔야만 그 사람이 진정으로 변화될 수 있고, 희생과 헌신과 고난을 감당할 성경적인 훌륭한 제자들이 나오게 되는 것입니다. 오늘날 교회는, 특히 제자훈련을 하는 교회들은 제자훈련을 성령님이 주도하시도록 성령님을 교회 중심에, 제자훈련 중심에 다시 모셔야 합니다. 그리고 성령님께 그 주도권을 100% 내드려야 할 것입니다. 그래야만 성령님은 기쁘게 제자훈련을 주도하실 것입니다.

◀ 7장 요약 ▶

성령님은 교회의 주권적 주체자이십니다. 성령님은 오순절 성령 강림을 통해 교회를 태동시키셨습니다. 선교의 방향을 정하시고(행 13:2-4), 감독자를 세워 보살피게 하시고(행 20:28), 교회 내 갈등 해결과 행정적 결정의 최종 권위가 되셨습니다(행 15:28). 그리고 성령님은 각 사람에게 은사를 나누어 주시고 진리 가운데로 인도하시는 진정한 스승이십니다.

그런데 성령님이 제자훈련과 교회에서 밀려나고 있는 것 같은 안타까움이 있습니다. 성경에 나타난 기적과 은사를 비합리적이라며 부정하거나, '신비주의'라는 프레임에 가둠으로써 성령님의 일하심을 제한합니다.

제자훈련에 유능한 사역자, 좋은 교재, 대형 교회의 제자훈련 임상 등 '시스템'을 제자훈련의 성공 요인으로 믿으며 성령님을 들러리로 세우거나 보조자로 세우는 것 같습니다. '예수님의 제자'라는 인격적 성숙보다, 교회의 기능을 돌리는 '기능적 일꾼'과 '수료증' 중심의 엘리트주의에 치중합니다.

우리는 이제 '성령님이 주도하시는 제자훈련'이라는 본질로 돌아가야 합니다. 제자훈련의 진정한 변화는 오직 성령님의 주도로만 가능합니다. 이제 교회는 성령님께 100% 주도권을 내어드리고 그분을 제자훈련의 중심에 다시 모셔야 합니다.

▦ 질문 ▦

1. 나 자신 혹은 우리 교회는 성경에 기록된 성령님의 초자연적인 역사와 은사들을 오늘날에도 실제적인 사건으로 인정하며 기대하고 있습니까, 아니면 이성적인 판단으로 제한하고 있습니까?

2. 제자훈련을 준비할 때, '좋은 교재와 잘 짜인 커리큘럼'이 주는 안도감이 '성령님의 임재를 구하는 간절한 기도'보다 앞서고 있지는 않습니까?

3. 현재 진행되는 제자훈련의 결과물이 '그리스도를 닮은 성품의 변화'입니까, 아니면 교회 행정을 효율적으로 돕는 '숙련된 일꾼 양성'입니까?

"하나님의 성령을 근심하게 하지 말라

그 안에서 너희가 구원 날까지 인치심을 받았느니라"

- 에베소서 4장 30절 -

PART 3

성령님께 훈련받은 위대한 모델

베드로를 제자훈련 시키신 성령님

베드로는 어떤 사람이었나요? 베드로는 고기 잡는 어부였습니다. 예수님으로부터 제자로 부르심을 받습니다.

마태복음 4장 18-20절, "갈릴리 해변에 다니시다가 두 형제 곧 베드로라 하는 시몬과 그의 형제 안드레가 바다에 그물 던지는 것을 보시니 그들은 어부라 말씀하시되 나를 따라오라 내가 너희를 사람을 낚는 어부가 되게 하리라 하시니 그들이 곧 그물을 버려두고 예수를 따르니라"

베드로는 예수님에 대해서 멋지게 신앙고백을 하고 예수님의 칭찬을 받았습니다.

마태복음 16장 16-19절, "시몬 베드로가 대답하여 이르되 주는 그리스도시요 살아 계신 하나님의 아들이시니이다 예수께서 대답하여 이르시되 바요나 시몬아 네가 복이 있도다 이를 네게 알게 한 이는 혈

육이 아니요 하늘에 계신 내 아버지시니라 또 내가 네게 이르노니 너
는 베드로라 내가 이 반석 위에 내 교회를 세우리니 음부의 권세가
이기지 못하리라 내가 천국 열쇠를 네게 주리니 네가 땅에서 무엇이
든지 매면 하늘에서도 매일 것이요 네가 땅에서 무엇이든지 풀면 하
늘에서도 풀리리라 하시고"

그러나 곧 예수님으로부터 책망을 받습니다.

마태복음 16장 21-23절, "이때로부터 예수 그리스도께서 자기가 예
루살렘에 올라가 장로들과 대제사장들과 서기관들에게 많은 고난을
받고 죽임을 당하고 제삼일에 살아나야 할 것을 제자들에게 비로소
나타내시니 베드로가 예수를 붙들고 항변하여 이르되 주여 그리 마
옵소서 이 일이 결코 주께 미치지 아니하리이다 예수께서 돌이키시
며 베드로에게 이르시되 사탄아 내 뒤로 물러가라 너는 나를 넘어지
게 하는 자로다 네가 하나님의 일을 생각하지 아니하고 도리어 사람
의 일을 생각하는도다 하시고"

베드로는 예수님이 십자가에 달려 죽으시고 부활을 하셔야 하는 그
이유(믿는 자에게 구원을 주시기 위함)를 몰랐습니다.

다른 사람들은 주를 버릴지라도 자기는 주님을 버리지 않겠다고 장
담합니다.

마태복음 26장 31-33절, "그때에 예수께서 제자들에게 이르시되 오늘 밤에 너희가 다 나를 버리리라 기록된 바 내가 목자를 치리니 양의 떼가 흩어지리라 하였느니라 그러나 내가 살아난 후에 너희보다 먼저 갈릴리로 가리라 베드로가 대답하여 이르되 모두 주를 버릴지라도 나는 결코 버리지 않겠나이다"

그러나 한 여종에게 예수님을 세 번씩이나 저주하고 부인까지 합니다.

마태복음 26장 69-75절, "베드로가 바깥 뜰에 앉았더니 한 여종이 나아와 이르되 너도 갈릴리 사람 예수와 함께 있었도다 하거늘 베드로가 모든 사람 앞에서 부인하여 이르되 나는 네가 무슨 말을 하는지 알지 못하겠노라 하며 앞문까지 나아가니 다른 여종이 그를 보고 거기 있는 사람들에게 말하되 이 사람은 나사렛 예수와 함께 있었도다 하매 베드로가 맹세하고 또 부인하여 이르되 나는 그 사람을 알지 못하노라 하더라 조금 후에 곁에 섰던 사람들이 나아와 베드로에게 이르되 너도 진실로 그 도당이라 네 말소리가 너를 표명한다 하거늘 그가 저주하며 맹세하여 이르되 나는 그 사람을 알지 못하노라 하니 곧 닭이 울더라 이에 베드로가 예수의 말씀에 닭 울기 전에 네가 세 번 나를 부인하리라 하심이 생각나서 밖에 나가서 심히 통곡하니라"

베드로는 심한 절망감으로 인해 사람 낚는 어부를 포기하고 고기 잡는 어부로 돌아갑니다.

베드로는 예수님으로부터 약 3년 동안 제자훈련을 받았지만 실망스러운 점이 참 많습니다. 어떤 점이 그럴까요? 네 가지 정도 말할 수 있습니다.

첫째, 그는 성품상의 변화가 없었던 것 같습니다.

항상 급하고, 장담하기를 잘 하고, 잘난 체하고, 비겁하고, 쉽게 포기하곤 했습니다.

둘째, 예수님의 가르치심을 잘 이해하지 못하고 있었습니다.

예수님의 사역, 십자가에 달려 죽으심과 부활에 대한 의미(예수님의 구속 사역, 이 땅에 오신 목적)를 몰랐고, 도리어 그 일을 막으려고 했습니다.

셋째, 결정적인 것은 자기의 스승이시오, 구세주이신 예수님을 세 번씩 부인하고 저주까지 했습니다.

넷째, 이런 것을 회개했으면 뉘우치고 다시 일어나서 예수님의 제자로서의

사역을 감당했어야 하는데, 사람 낚는 어부를 포기하고 다시 고기 잡는 어부로 돌아갔습니다.

우리는 이러한 사실을 보면서, 도대체 베드로는 예수님으로부터 제자훈련을 받은 사람이 맞는가? 더 나아가서 예수님의 제자훈련은 실패한 것이 아닌가? 미완성의 작품이 아닌가? 부족한 부분이 있는 것은 아닌가? 하고 오해를 할 수 있습니다.

그러나 예수님의 제자훈련은 실패하거나 부족한 것이 아니라, 이미 제자들 속에 씨가 뿌려졌고, 성장하고 있었습니다. 열매가 풍성하게 맺어져야 하는 것은 예수님께서 제자훈련을 위임한 성령님 때에 이루어지는 것입니다.

이런 베드로가 깜짝 놀랄 만한 급격한 변화를 보이고 있습니다. 오순절 성령 강림 이후의 베드로의 설교를 한 번 봅시다.

사도행전 2장 14-21절, "베드로가 열한 사도와 함께 서서 소리를 높여 이르되 유대인들과 예루살렘에 사는 모든 사람들아 이 일을 너희로 알게 할 것이니 내 말에 귀를 기울이라 때가 제 삼 시니 너희 생각과 같이 이 사람들이 취한 것이 아니라 이는 곧 선지자 요엘을 통하여 말씀하신 것이니 일렀으되 하나님이 말씀하시기를 말세에 내가 내 영을 모든 육체에 부어 주리니 너희의 자녀들은 예언할 것이요 너희의 젊은이들은 환상을 보고 너희의 늙은이들은 꿈을 꾸리라 그 때에 내가 내 영을 내 남종과 여종들에게 부어 주리니 그들이 예언할 것이요 또 내가 위로 하늘에서는 기사를 아래로 땅에서는 징조를 베풀리니 곧 피와 불과 연기로다 주의 크고 영화로운 날이 이르기 전에 해가 변하여 어두워지고 달이 변하여 피가 되리라 누구든지 주의 이름을 부르는 자는 구원을 받으리라 하였느니라"

이 설교를 보면, 설교하는 베드로가 얼마 전의 그 베드로가 과연 맞는가 하는 의구심을 가질 정도로 놀라운 변화를 보이고 있습니다. 그렇게 짧은 시간에 베드로가 어떻게 그렇게 달라질 수 있는가? 하는 점에 우리의 관심이 모아질 수밖에 없습니다. 인간 누군가가 그를 그렇게 한 것이 아니라 오직 '성령님이 하셨구나, 성령님이 베드로를 진짜 제자훈련을 시켰구나'라고 말할 수밖에 없다는 사실입니다.

베드로가 성령님께 제자훈련을 받고 있다는 사실의 증거가 많이 나타나고 있습니다.

첫째, 베드로가 성령의 충만함을 받습니다.

이것이 바로 베드로에 대한 성령님의 제자훈련의 시작이었던 것입니다.

사도행전 2장 1-4절, "오순절 날이 이미 이르매 그들이 다같이 한 곳

둘째, 베드로가 예수님께 가르침을 받고 배웠던 것을 성령님께서 깨닫게 하시고 생각나게 하셨습니다.

사도행전 2장 14-40절의 베드로의 설교를 보면, 예수님이 구세주이심을 구약 성경을 인용하여 드러내고 있습니다. 구약을 정확하게 인용하여 정확하게 설명과 해석을 해 주고 있습니다. 이것은 구약의 말씀과 예수님이 가르쳐 주신 것이 생각나고 깨달아지고 있음을 보여 주는 것입니다. 이것은 누구의 역사입니까? 예수님의 말씀을 생각나게 하시고 깨닫게 하시는 성령님의 역사입니다. 성령님이 지금 베드로에게 역사하시는 것입니다. 이것은 성령님께서 베드로를 제자훈련을 시키고 있음을 보여 주는 하나의 증거입니다.

셋째, 베드로는 예수님의 고난과 십자가의 죽으심과 부활의 의미를 모인 자들에게 성령이 충만한 가운데 설교했습니다.

이 역시 성령님의 역사임이 분명합니다.

예수님께서 자기가 예루살렘에 올라가 장로들과 대제사장들과 서기관들에게 많은 고난을 받고 죽임을 당하고 제삼 일에 살아나야 할 것을 제자들에게 말씀하셨을 때, 베드로가 무슨 말인지 깨닫지 못하고 예수님을 막았다가 예수님의 책망을 받았지 않았습니까?

그런 베드로가 성령님이 제자훈련을 시키시니까 완전히 달라졌습니다. 그는 예수님의 고난과 십자가의 죽으심과 부활의 의미를 모인 자들에게 성령이 충만한 가운데 설교했습니다. 사람의 일만 생각한다고 예수님으로부터 책망받은 베드로가 이제 하나님의 일(예수님의 구속 사역)을 확실히 깨닫고 선포하고 있습니다. 놀라운 변화가 아니고 무엇이겠습니까!

사도행전 2장 22-24절, "이스라엘 사람들아 이 말을 들으라 너희도 아는 바와 같이 하나님께서 나사렛 예수로 큰 권능과 기사와 표적을 너희 가운데서 베푸사 너희 앞에서 그를 증언하셨느니라 그가 하나님께서 정하신 뜻과 미리 아신 대로 내준 바 되었거늘 너희가 법 없는 자들의 손을 빌려 못 박아 죽였으나 하나님께서 그를 사망의 고통에서 풀어 살리셨으니 이는 그가 사망에 매여 있을 수 없었음이라"

넷째, 사도행전 4장을 보면 베드로가 공회 앞에 서서 담대하게 예수 그리스도를 선포하고 있습니다.

사도행전 4장 5-12절, "이튿날 관리들과 장로들과 서기관들이 예루살렘에 모였는데 대제사장 안나스와 가야바와 요한과 알렉산더와 및 대제사장의 문중이 다 참여하여 사도들을 가운데 세우고 묻되 너희가 무슨 권세와 누구의 이름으로 이 일을 행하였느냐 이에 베드로가 성령이 충만하여 이르되 백성의 관리들과 장로들아 만일 병자에게 행한 착한 일에 대하여 이 사람이 어떻게 구원을 받았느냐고 오늘 우리에게 질문한다면 너희와 모든 이스라엘 백성들은 알라 너희가 십자가에 못 박고 하나님이 죽은 자 가운데서 살리신 나사렛 예수 그리스도의 이름으로 이 사람이 건강하게 되어 너희 앞에 섰느니라 이 예수는 너희 건축자들의 버린 돌로서 집 모퉁이의 머릿돌이 되었느니라 다른 이로써는 구원을 받을 수 없나니 천하 사람 중에 구원을 받을 만한 다른 이름을 우리에게 주신 일이 없음이라 하였더라"

한 여종 앞에서 예수님을 모른다고 세 번씩이나 부인하고 저주까지 한 베드로와는 완전히 다른 사람이 된 것입니다. 이것은 성령님이 베드로를 제자훈련 시키신 역사의 결과입니다.

성령님으로부터 제자훈련을 받게 되면 예수 그리스도를 드러내지 않을 수 없게 됩니다. 성령님은 예수님을 증언하시는 분이시요, 예수님의 영광을 나타내시는 분이시기 때문입니다.

요한복음 15장 26절, "내가 아버지께로부터 너희에게 보낼 보혜사 곧 아버지께로부터 나오시는 진리의 성령이 오실 때에 그가 나를 증언하실 것이요"

요한복음 16장 14절, "그가 내 영광을 나타내리니 내 것을 가지고 너희에게 알리시겠음이라"

다섯째, 베드로에게 놀라운 능력이 나타나고 있습니다.

이것 역시 성령님이 베드로를 제자훈련 시키고 있음을 입증하는 것입니다. 제자훈련의 목적이 능력의 변화입니다. 성전 미문(美門)에 앉아 있는 나면서부터 못 걷게 된 이를 일으켰습니다.

사도행전 3장 6-8절, "베드로가 이르되 은과 금은 내게 없거니와 내게 있는 이것을 네게 주노니 나사렛 예수 그리스도의 이름으로 일어나 걸으라 하고 오른손을 잡아 일으키니 발과 발목이 곧 힘을 얻고 뛰어 서서 걸으며 그들과 함께 성전으로 들어가면서 걷기도 하고 뛰기도 하며 하나님을 찬송하니"

사도행전 9장에서는 베드로가 죽은 다비다를 살립니다.

사도행전 9장 40-41절, "베드로가 사람을 다 내보내고 무릎을 꿇고 기도하고 돌이켜 시체를 향하여 이르되 다비다야 일어나라 하니 그가 눈을 떠 베드로를 보고 일어나 앉는지라 베드로가 손을 내밀어 일으키고 성도들과 과부들을 불러들여 그가 살아난 것을 보이니"

사도행전 11장에서는 이방인 고넬료 가정이 베드로를 통해서 예수님을 믿는 역사가 일어나고 있습니다. 베드로를 통해서 복음이 널리 전파되고 있습니다. 이것은 확실한 성령님의 역사입니다.

사도행전 10장 44-48절, "베드로가 이 말을 할 때에 성령이 말씀 듣는 모든 사람에게 내려오시니 베드로와 함께 온 할례 받은 신자들이 이방인들에게도 성령 부어 주심으로 말미암아 놀라니 이는 방언을 말하며 하나님 높임을 들음이러라 이에 베드로가 이르되 이 사람들이 우리와 같이 성령을 받았으니 누가 능히 물로 세례 베풂을 금하리요 하고 명하여 예수 그리스도의 이름으로 세례를 베풀라 하니라 그들이 베드로에게 며칠 더 머물기를 청하니라"

여섯째, 성령님이 베드로를 제자훈련 시키시니 베드로는 예수님이 "너희는 가서 모든 민족을 제자로 삼아"라고 명령하신 마태복음 28장 19-20절의 대사명(大使命)을 예수님의 증인이 되어 감당하기 시작합니다.

일곱째, 성령님의 제자훈련을 통해서 베드로는 하나님의 큰일을 하는 사람으로 변했습니다. 예수님이 명령하신 놀라운 일들, 큰 일들을 능력 있게 감당하고 있습니다.

베드로가 예수님을 세 번씩 부인하고 사람 낚는 어부를 포기하고 돌아갔을 때, 예수님이 디베랴 바닷가로 찾아가셔서 사도로서의 사명을 회복시켜 주셨습니다. 그 뒤로 베드로는 누구에게 무엇을 배웠다는 기록이 없습니다. 누가 베드로를 가르쳐 주었다는 기록이 없습니다. 너무나 짧은 시간 안에 베드로가 전혀 다른 사람으로 변화되었습니다.

누가 가르쳐줄 시간도 없었고, 누구에게 배울 시간도 없었을 것입니다. 그렇다면 우리는 한 가지 결론밖에 내릴 것이 없습니다.

그것은 바로 성령님이 베드로를 가르치시고 알게 하시고, 깨닫게 하시고 생각나게 하셨다는 것입니다. 아주 짧은 시간이었지만, 가르치시고 알게 하시고 깨닫게 하시고 생각나게 하시고, 능력의 사람으로 변화시키고 복음을 담대하게 증거하게 하는 것이 바로 제자훈련의 내용이요 목적이기 때문에, 성령님이 베드로를 제자훈련 시키셨다고 말하는 것입니다.

옥한흠 목사님도 저서 『평신도를 깨운다』에서 "베드로의 이런 놀라운 변화를 설명하면서 제자훈련의 완성은 성령 강림이다"라고 단언하고, 예수님과 3년을 동고동락했어도 실패했던 베드로가 사도행전에서 사도로 우뚝 설 수 있었던 것은, 성령님께서 그의 인격 속에 들어가 예수님의 가르침을 실제화(實際化)하셨기 때문이라고 분석합니다.

◀ **8장 요약** ▶

베드로는 어부 출신으로 예수님으로부터 제자로 부르심을 받고 제자의 길을 출발했습니다. 예수님에 대해서 바른 고백을 했지만 십자가의 의미를 이해하지 못하고 세 번씩이나 부인하고, 낙심하여 사람 낚는 어부로 돌아갔습니다. 그러나 베드로는 성령님을 통해서 놀랍게 변화되었습니다.

오순절날 성령 강림 후에 한 베드로의 설교를 보면 아주 짧은 시간 안에 놀랍게 변화되었음을 알 수 있습니다. 베드로는 성령님을 통해서 예수님의 가르침을 깨닫고 생각나게 되었습니다. 성령님의 능력으로 예수님의 고난과 부활의 의미를 정확히 선포합니다. 그리고 예수님의 영광을 나타내고, 기적과 복음 사역을 능력 있게 감당합니다.

이러한 베드로의 극적이고도 놀라운 변화는 인간의 노력이나 가르침이 아니라 성령님이 직접 베드로를 제자훈련 하셨기 때문입니다. 제자훈련의 완성은 성령님이 주도하실 때 이루어집니다.

▨ 질문 ▨

1. 베드로처럼 부족하고 연약한 제자도 성령님의 역사 안에서 어떻게 변화될 수 있었습니까?

2. 성령님은 제자훈련에서 어떤 역할을 하시며, 왜 그 역할이 필수적입니까?

3. 우리의 삶과 사역에서 성령님의 인도와 능력을 경험하려면 우리는 무엇을 준비하고 받아들여야 합니까?

9장

바울을 제자훈련 시키신 성령님

　바울은 길리기아 지역의 수도요 헬라 교육의 중심 도시였던 다소 출신의 로마 시민권을 가진 디아스포라 유대인이었습니다. 유대인의 가정에서 태어나 바리새인으로 철저했고, 예루살렘에서 당대 최고의 율법 스승인 가말리엘 문하에서 최고의 교육을 받았습니다. 초기에는 기독교인들을 핍박하고 박해하는 열심당원이었고 당시에 누구에게도 뒤지지 않는 뛰어난 사람이었음을 자타가 인정했습니다. 아래 성경 구절들은 바울이 어떠한 사람이었는가를 보여 주고 있습니다.

　사도행전 21장 39절, "바울이 이르되 나는 유대인이라 소읍이 아닌 길리기아 다소 시의 시민이니 청컨대 백성에게 말하기를 허락하라 하니"

　사도행전 22장 25절, "가죽 줄로 바울을 매니 바울이 곁에 서 있는 백부장더러 이르되 너희가 로마 시민 된 자를 죄도 정하지 아니하고 채찍질할 수 있느냐 하니"

사도행전 22장 3절, "나는 유대인으로 길리기아 다소에서 났고 이 성에서 자라 가말리엘의 문하에서 우리 조상들의 율법의 엄한 교훈을 받았고 오늘 너희 모든 사람처럼 하나님께 대하여 열심이 있는 자라"

빌립보서 3장 4-6절, "그러나 나도 육체를 신뢰할 만하며 만일 누구든지 다른 이가 육체를 신뢰할 것이 있는 줄로 생각하면 나는 더욱 그러하리니 나는 팔일 만에 할례를 받고 이스라엘 족속이요 베냐민 지파요 히브리인 중의 히브리인이요 율법으로는 바리새인이요 열심으로는 교회를 박해하고 율법의 의로는 흠이 없는 자라"

이런 사울(바울)이 예수 믿는 사람들을 예루살렘으로 잡아 오려고 다메섹으로 가던 중 놀라운 체험을 합니다. 다메섹으로 가는 길에서 예수님을 만나고 회심하고 기독교의 중심적인 인물이 되었습니다.

사도행전 9장 1-5절, "사울이 주의 제자들에 대하여 여전히 위협과 살기가 등등하여 대제사장에게 가서 다메섹 여러 회당에 가져갈 공문을 청하니 이는 만일 그 도를 따르는 사람을 만나면 남녀를 막론하고 결박하여 예루살렘으로 잡아오려 함이라 사울이 길을 가다가 다메섹에 가까이 이르더니 홀연히 하늘로부터 빛이 그를 둘러 비추는지라 땅에 엎드려져 들으매 소리가 있어 이르시되 사울아 사울아 네가 어찌하여 나를 박해하느냐 하시거늘 대답하되 주여 누구시니이까 이르시되 나는 네가 박해하는 예수라"

우리가 여기서 회심 후의 바울의 여정을 살펴보는 것이 아주 중요합
니다. 순서대로 바울의 여정을 살펴보겠습니다.

1. 회심 후 다메섹에서 제자들과 함께 있었고, 복음(예수 그리스도)을 전했습니다.

사도행전 9장 19-22절, "음식을 먹으매 강건하여지니라 사울이 다메
섹에 있는 제자들과 함께 며칠 있을새 즉시로 각 회당에서 예수가 하
나님의 아들이심을 전파하니 듣는 사람이 다 놀라 말하되 이 사람이
예루살렘에서 이 이름을 부르는 사람을 멸하려던 자가 아니냐 여기
온 것도 그들을 결박하여 대제사장들에게 끌어가고자 함이 아니냐
하더라 사울은 힘을 더 얻어 예수를 그리스도라 증언하여 다메섹에
사는 유대인들을 당혹하게 하니라"

2. 반대하는 유대인들 때문에 다메섹을 떠납니다.

사도행전 9장 23-25절, "여러 날이 지나매 유대인들이 사울 죽이기
를 공모하더니 그 계교가 사울에게 알려지니라 그들이 그를 죽이려
고 밤낮으로 성문까지 지키거늘 그의 제자들이 밤에 사울을 광주리
에 담아 성벽에서 달아내리니라"

3. 그리고 아라비아로 갔다가 다시 다메섹으로 돌아갔다가 예루살렘으로

올라갑니다.

갈라디아서 1장 17-18절, "또 나보다 먼저 사도 된 자들을 만나려고 예루살렘으로 가지 아니하고 아라비아로 갔다가 다시 다메섹으로 돌아갔노라 그 후 삼 년 만에 내가 게바를 방문하려고 예루살렘에 올라가서 그와 함께 십오 일을 머무는 동안"

여기서 논쟁이 있을 수 있습니다. 바울이 다메섹에서 아라비아로 가서 3년을 머물고 다시 다메섹으로 돌아온 것인지 아니면 다메섹에 돌아온 지 3년 후에 게바(베드로)를 만나려고 예루살렘으로 올라간 건지 어디서 3년을 머물렀는가에 대한 논쟁입니다. 결국은 바울이 아라비아에서 3년 있었는가 아니면 다메섹에서 3년 있었는가 하는 문제입니다.

여기서 보통 성경학자들은 회심 후 아라비아와 다메섹을 거쳐 예루살렘에 가기까지가 총 3년이라고 말합니다. 바울은 회심 직후 예루살렘으로 가서 사도들에게 인준을 받은 것이 아니라, 아라비아와 다메섹에서 보낸 3년의 시간을 통해 오직 주님께로부터 직접 복음을 받았음을 강조하고 있는 것입니다. 따라서 아라비아와 다메섹 체류 기간을 합친 전체 준비 기간이 3년이었다고 이해하는 것이 가장 정확한 성경적 해석입니다.

4. 예루살렘에서 복음을 전하다가 위협을 받고 다소로 갑니다.

이 구절 이후 사도행전의 초점은 베드로의 사역과 고넬료의 회심 등으로 옮겨지며, 바울은 한동안 등장하지 않습니다. 바울은 자신의 출생지인 길리기아 지역(다소 포함)에서 10년간의 침묵기를 보낸 것으로 보입니다. 과연 10년간 침묵기를 보냈다고 말할 수 있는 근거는 갈라디아서 2장 1절, "십사 년 후에 내가 바나바와 함께 디도를 데리고 다시 예루살렘에 올라갔나니"입니다.

이 '14년'을 바울의 회심 시점에서부터 첫 예루살렘 방문 시점까지의 기간인 '3년'(갈라디아서 1장 18절)과 안디옥 사역 기간(1년)을 제외하면, 중간에 다소에 머물렀던 기간이 약 10년 정도 남게 됩니다. 그래서 약 10년 침묵기라고 말하는 것입니다.

5. 안디옥 교회의 목회자인 바나바의 부름을 받고 다소에서 안디옥으로 가
서 그와 함께 안디옥 교회를 목회하게 됩니다.

사도행전 11장 25-26절, "바나바가 사울을 찾으러 다소에 가서 만나
매 안디옥에 데리고 와서 둘이 교회에 일 년간 모여 있어 큰 무리를
가르쳤고 제자들이 안디옥에서 비로소 그리스도인이라 일컬음을 받
게 되었더라"

우리는 이상을 통해 골수 바리새인인 바울이 회심 후에 누구에게서
성경의 가르침을 받았다든지 아니면 제자훈련을 받았다는 기록을 볼
수 없고, 추측할 수 있는 여지도 별로 없는 것 같습니다. 바울도 갈라
디아서 1장 12절에서 '이는 내가 사람에게서 받은 것도 아니요 배운 것
도 아니요'라고 말하고 있습니다.

앞에서 말씀드렸듯이 바울이 베드로(게바)를 방문하여 15일이나 함
께 머물렀지만 이 짧은 기간에 바울이 베드로로부터 성경 공부를 했다
든지 제자훈련을 받았다든지 이렇게 생각할 수는 없습니다. 함께 있었
던 시간이 너무 짧았기 때문입니다. 아마 이 짧은 기간 동안 베드로에
게 예수님의 공생애 사역에 대한 이야기를 들었을 가능성이 큽니다.

바울이 유대인들의 살해 위협을 피해 고향인 다소로 내려가 10년 동
안이나 거기에 있게 됩니다. 이 시기는 바울의 생애에서 가장 기록이

적은 '침묵의 시기'라고 할 수 있습니다. 학자들은 이 10년 동안 바울이 고향 인근에서 복음을 전하며 장막 만드는 일을 하고, 장차 이방인 선교를 위한 신학적 기틀을 다졌을 것으로 추측하기도 합니다.

바나바가 다소에 있던 바울을 찾아와 안디옥으로 데려옵니다. 그런데 안디옥에서 바울이 교육을 받는 입장이 아니라 '가르치는 지도자'로 등장합니다. 사도행전 11장 26절을 보면 알 수 있습니다.

사도행전 11장 26절, "만나매 안디옥에 데리고 와서 둘이 교회에 일 년간 모여 있어 큰 무리를 가르쳤고 제자들이 안디옥에서 비로소 그리스도인이라 일컬음을 받게 되었더라"

이런 것들을 볼 때 바울이 누구에게서 특별히 성경의 가르침을 깊이 있게 받았거나 제자훈련을 받았다고는 생각할 수 없습니다. 그럼에도 불구하고 우리는 바울의 행적을 볼 때 놀라지 않을 수 없는 일들이 많이 나타나고 있습니다.

첫째, 바울의 전도여행이 사도행전 13장부터 시작이 됩니다. 바울이 전도여행을 하면서 쓴 편지를 볼 때, 바울이 어떻게 이러한 놀라운 진리들을 깊이 알고 있었을까 놀라지 않을 수 없습니다.

둘째, 더군다나 바울의 3차 전도여행이 끝나갈 무렵에 쓴 로마서를 볼 때 놀라지 않을 수가 없습니다.

하나님의 의, 예수님의 삶과 죽음과 부활에 대해서, 구원에 대해서, 심판에 대해서, 죄에 대해서, 하나님의 은혜에 대해서, 성령님에 대해서 쓴 내용을 보면, 이것은 사람에게서 배웠다고 볼 수 없다는 것입니다. 바울이 성령님께 배웠다고 말하지 않을 수 없습니다.

셋째, 그렇다면 우리는 바울이 얼마간인지는 확실치 않지만 수년간 아라비아에서, 그리고 10년간 길리기아 다소에서 기도와 묵상을 했을 것이고 성령님으로부터 가르침을 받았을 것이라고 생각할 수 있습니다. 특히 복음에 대해서 말입니다.

갈라디아서 1장 11-12절, "형제들아 내가 너희에게 알게 하노니 내가 전한 복음은 사람의 뜻을 따라 된 것이 아니니라 이는 내가 사람에게서 받은 것도 아니요 배운 것도 아니요 오직 예수 그리스도의 계시(깨우쳐 보여줌)로 말미암은 것이라"

자, 사람에게서 받은 것이 아니라고 했는데 그러면 누가 바울에게 예수 그리스도에 대해서 깨우쳐 주고, 보여 주고, 가르쳐 주었을까요? 바로 성령님이시라고 말할 수 있습니다. 바울은 성령님으로부터 말씀을 깊이 배우고 깨닫게 되었고, 제자훈련을 받아, 그의 성품이 변하고 그의 삶이 변하고 그의 능력이 변하여, 제자훈련의 열매인 복음을 증거하는 자가 되었던 것입니다.

사도행전을 통해서, 바울서신을 통해서 바울의 생애를 자세히 살펴 보십시오, 그의 생애 동안 한 사역은 성령님이 가르치지 않으시고 훈련시키지 않았으면 도저히 할 수 없는 사역들임을 누구도 부인할 수가 없을 것입니다.

F.F. 브루스(F.F. Bruce)도 저서『바울: 자유의 사도』에서 바울의 아라비아 체류를 '침묵과 묵상의 시간'으로 정의합니다. 그는 바울이 예루살렘의 사도들을 만나기 전, 아라비아에서 성령의 직접적인 가르침을 통해 구약의 예언들이 어떻게 예수 안에서 성취되었는지 신학적 정립을 마쳤다고 분석합니다. 이는 인간의 훈련이 아닌 '하늘의 교실'에서의 훈련이었다고 평가합니다.

윌리엄 바클레이(William Barclay)도 저서『바울의 생애와 사상』에서 바울이 사람의 소리를 듣지 않기 위해 광야로 나갔다고 봅니다. 그곳에서 성령님은 바울에게 '영적 스승'이 되셔서, 그가 가졌던 인간적 지식을 배설물로 여기게 하시고, 하늘의 지혜를 직접 채워 넣으셨다고 분석합니다.

빌립보서 3장 8절, "또한 모든 것을 해로 여김은 내 주 그리스도 예수를 아는 지식이 가장 고상하기 때문이라 내가 그를 위하여 모든 것을 잃어버리고 배설물로 여김은 그리스도를 얻고"

바울은 로마 시민권을 가진 디아스포라 유대인으로, 가말리엘 문하에서 최고의 율법 교육을 받은 엘리트였습니다. 그리스도인을 박해하던 열심당원이었으나 다메섹 도상(途上)에서 부활하신 예수님을 만나 극적으로 회심하며 기독교 역사의 중심 인물이 됩니다.

바울의 행적을 보면 베드로와 단 15일간 머물렀고, 이후 안디옥 교회에 부임했을 때는 이미 가르치는 지도자의 모습이었습니다. 그는 스스로 고백하기를 자신의 복음은 사람에게 배운 것이 아니요 오직 예수 그리스도의 계시로 된 것이라 하였습니다.

바울에게는 아라비아에서의 수년간, 고향인 다소에서의 10년이라는 '침묵의 시기'가 있었습니다. 이 기간에 바울은 성령님의 직접적인 가르침과 훈련을 통해 구약의 예언들이 예수 안에서 어떻게 성취되었는지 신학적 기틀을 닦았으며, 인간적 지식을 배설물로 여길 만큼 고상한 영적 지혜를 얻었습니다.

바울이 전도여행 중 기록한 로마서 등의 서신들은 인간의 지식으로는 도저히 도달할 수 없는 진리의 깊이를 보여 줍니다. 이는 성령님이 그의 영적 스승이자 훈련자가 되셔서 그의 성품과 삶, 능력을 완전히 변화시키셨음을 증명합니다.

1. 바울은 자신의 화려한 스펙(가문, 학벌, 시민권)을 그리스도를 위해 '배설물'로 여겼습니다. 내가 현재 하나님보다 더 의지하거나 자랑스럽게 여기는 '나의 육적 조건'은 무엇입니까?

2. 바울에게는 아라비아와 다소에서의 '침묵기'가 성령님과 독대하는 시간이었습니다. 분주한 일상 속에서 내가 사람의 소리를 차단하고 오직 성령님의 가르침에만 귀를 기울이는 '나만의 아라비아 광야와 다소'는 어디입니까?

3. 바울은 성령님께 직접 제자훈련을 받아 성품과 능력이 변했습니다. 성령님이 나의 '훈련자'가 되신다면, 오늘 나의 성품 중에서 가장 먼저 훈련받고 변화되어야 할 부분은 무엇이라고 생각합니까?

"우리가 이것을 말하거니와 사람의 지혜가 가르친 말로 아니하고 오직

성령께서 가르치신 것으로 하니 영적인 일은 영적인 것으로 분별하느니라"

- 고린도전서 2장 13절 -

PART 4

성령님 주도형 제자훈련의 실전과 방법

PART 4

성령님 주도형 제자훈련의 실전과 방법

성령님으로부터 직접 제자훈련을 받는 방법

성령님으로부터 직접 제자훈련을 받는다는 말에 대해서 부정적으로 생각하는 분들이 적지 않을 것입니다. 왜 부정적으로 생각하느냐고 묻는다면 성경적으로 대답하기가 쉽지 않을 것입니다. 성령님은 눈에 보이지 않는 분이시기 때문에 성령님으로부터 제자훈련을 받는다고 하면 신비적인 것 같아 혹시 신학적으로 문제가 되지는 않을까 하는 염려 때문인 것 같습니다.

성령님이 직접 제자훈련을 시킨다는 사실을 제8장과 제9장에서 이미 베드로와 바울의 예를 들어서 설명했습니다. 베드로와 바울의 예 말고도 성경에는 성령님으로부터 제자훈련(가르치심과 생각나게 하심 등)을 받은 사람들이 많이 나옵니다.

구약에서는 '성령'이라는 명칭이 신약처럼 명확하게 사용되지 않지만 같은 의미의 하나님께서 직접 광야나 은둔의 장소로 부르셔서 '사역자'로 훈련시키신 인물들이 여럿 등장합니다. 이것을 보통 '광야학교(Wilderness School)'라고 부르기도 합니다.

모세는 애굽의 궁중 교육을 받은 최고의 인재였으나, 하나님은 그를 곧바로 사용하지 않으셨습니다. 동족을 괴롭힌 애굽 사람을 죽이고 도망쳐 미디안 광야에서 40년 동안 양을 치는 목자로 살았습니다.

모세는 애굽의 왕자로, 최고의 인재로서 '자기 힘'이 다 빠졌을 때, 하나님은 그를 찾아오셔서 이스라엘의 지도자로 세우셨습니다. 광야에서의 40년은 하나님이 모세를 지도자로 세우기 위해서 훈련을 시킨 기간이라고 말할 수 있습니다. 하나님은 모세의 자존심과 교만, 모세가 의지하고 자랑하는 지식과 경험, 권세, 궁중에서 추앙을 받는 위치 이런 것들을 다 모세에게서 제거하는 훈련을 시키신 것입니다.

사무엘도 어릴 때부터 하나님께 직접 가르침과 훈련을 받은 선지자였습니다. 하나님이 직접 사무엘아, 사무엘아 부르시기도 하셨고, 사무엘에게 직접 하나님의 말씀으로 계시하셨습니다. 물론 사무엘에게는 스승이신 엘리 선지자가 있었습니다. 그러나 진정한 사무엘의 스승이시오, 훈련자는 바로 하나님이셨습니다.

사무엘에게 기름 부음을 받은 후 왕이 되기까지, 다윗은 약 10~13년 동안 사울을 피해 광야를 떠돌았습니다. 다윗은 사울 왕으로부터 엔게디 동굴, 유대 광야 등지에서 목숨의 위협을 느끼며 오직 하나님만을 요새와 바위로 삼는 법을 배웠습니다. 군사적인 힘이 아니라 하나님의 주권을 인정하고 하나님을 의지하는 마음을 갖게 하는 훈련을 하나님으로부터 받은 것입니다.

또 구약의 엘리야 선지자를 생각할 수 있습니다. 엘리야는 강력한 선지자였지만, 결정적인 순간마다 하나님은 그를 격리시켜 직접 훈련하셨습니다.

가뭄 때에 그릿시냇가에서 까마귀를 통해 하나님의 공급을 받는 법을 배우게 하셨습니다. 즉 하나님만을 바라보고 하나님만을 의지하게 하는 훈련이었습니다. 아합 왕의 아내, 악독한 이세벨을 피해 도망쳤을 때는 호렙 산 동굴에서 “세미한 소리”를 통해 하나님의 음성을 듣는 법을 훈련받았습니다.

예수님의 길을 예비한 세례 요한 역시 공생애를 시작하기 전까지 철저히 격리된 훈련을 받았습니다. 세상의 가치관에 물들지 않고 오직 하나님의 말씀만을 전하는 통로가 되기 위한 성령님의 훈련 과정이었습니다.

이들 모두 다 하나님(성령님)의 직접적인 훈련을 받았습니다. 이들의 훈련 과정을 보면 공통적인 특징이 있습니다. '성령님의 직접 훈련'의 특징은 사람의 도움을 받을 수 없는 장소로 가야 했고, 과거의 명성이나 지위가 완전히 부정되는 철저히 낮아짐을 경험합니다. 그리고 사람의 가르침이 아닌, 성령님의 조명을 통해 하나님의 뜻을 깊이 깨닫게 됩니다.

갈라디아서 1장 12절에서 바울이 고백한 것처럼 모두 다 동일한 원리로 성령님으로부터 가르치심을 받고 훈련을 받았던 것입니다. 바울이 여기서 '예수 그리스도의 계시'라고 표현했지만, 성경은 예수님의 계시가 성령님을 통해 우리에게 전달되고 이해되어 진다는 점을 분명히 하고 있습니다.

바울이 성령님으로부터 배웠다는 성경적 근거는 고린도전서 2장 13

절입니다. 여기서 바울은 직접적으로 '성령의 가르침'을 언급합니다.

예수님은 '예수님의 계시'를 성령님께서 제자들에게 가르쳐 주실 것이라고 미리 약속하셨습니다. 바울은 예수님이 자신의 계시를 성령님께서 알리실 것이라고 말씀하신 대로 자기는 성령님으로부터 배웠음을 확실히 하고 있는 것입니다. 따라서 바울이 받은 계시의 집행자는 성령님이십니다.

그렇다면 오늘날도 성령으로부터 제자훈련을 받는 것이 가능할까요? 묻는다면 당연하다고 말씀드릴 수밖에 없습니다. 왜냐하면 예수님도 그것을 위하여 성령님을 우리에게 보내셨고, 실질적으로 오늘날도 성령님에 의해서 직접 제자훈련을 받는 사람들도 있습니다. 성령님이 그 사람을 가르치시고 깨닫게 하시고 알려 주시고, 생각나게 하시고 옳고 그름을 분별하게 하심으로 그 사람을 참다운 예수님의 제자로 성장시키고, 성숙시키고, 세우시는 일들이 오늘날도 많이 일어나고 있는 상황을 눈을 열어 볼 수 있어야 합니다.

주변 사람들 중에서 이런 훈련을 받아왔고, 받아오고 있는 사람들이 있습니다. 그리고 이러한 놀라운 제자훈련의 비밀을 성경을 통해 깨닫고 벌써 이런 방식으로 제자훈련을 진행하고 있는 사역자들과 교회들도 있습니다.

오늘, 우리가 신학과 교단이라는 울타리와 지금까지 습관적으로 행해 온 관습을 뛰어넘는 믿음과 용기가 필요합니다. 오로지 성경이 말하고 있는 진리대로 우리가 따르고 행하는 노력과 결단이 필요한 때가 된 것 같습니다.

예수님만 인격체이신 하나님이 아니라 성령님도 동일한 인격체이신 하나님이십니다. 그리고 예수님이 제자들에게 "내가 있는 것보다 성령님이 너희에게 오시는 것이 유익하다"고 말씀하셨습니다. 이것은 예수님이 보혜사 성령님을 보증하셨다는 말입니다. 그리고 예수님이 하시던 사역을 성령님께 위임하신 것이고, 성령님으로 하여금 예수님의 사역을 계속하도록 하신 것입니다. 보혜사 성령님은 바로 예수님의 영이시기도 합니다.

요한복음 16장 7절, "그러나 내가 너희에게 실상을 말하노니 내가 떠나가는 것이 너희에게 유익이라 내가 떠나가지 아니하면 보혜사가 너희에게로 오시지 아니할 것이요 가면 내가 그를 너희에게로 보내 리니"

성령님은 오늘날도 성도들을 훈련시키기를 원하십니다. 예수님이 이미 성령님이 너희를 가르치실 것이라고 말씀하셨고, 우리의 제자훈련 사역을 위해서 성령님을 보내셨기 때문에 우리는 성령님으로부터 제자훈련을 받아야 합니다. 이것이 예수님이 원하시는 것입니다. 그리고 성령님도 원하십니다.

성령님은 보혜사이십니다. '보혜사(保惠師)'라는 단어 안에는 현대적 의미의 '훈련자(Discipler)'라는 개념이 매우 강력하게 내포되어 있습니다.

예수님께서 요한복음에서 약속하신 보혜사의 사역 내용을 보면, 전형적인 '훈련자'의 모습이 드러납니다. 가르치는 '교사(Instructor)'의 역할을 하시는 보혜사, 예수님의 말씀을 생각나게 하는 '회상자(Reminder)'의 역할을 하시는 보혜사, 죄에 대하여, 의에 대하여, 심판에 대하여 세상을 책망하시는 '교정자(Corrector)'의 역할을 하시는 보혜사, 진리 가운데로 인도하시는 '인도자(Guide)'의 역할을 하시는 보혜사로 예수님이 성령님을 말씀하셨습니다. 맞습니다. 보혜사 성령님은 제자를 만드시는 최고의 훈련자(Discipler)이심이 분명합니다.

성령님으로부터 제자훈련을 받는 방법은 너무나 간단하고 명료합니다.

첫째, 성령님을 인정하는 것입니다.

성령님은 나를 제자훈련(가르치고 깨닫게 하시고 알려 주심) 시키시기 위해서 보내심을 받은 분이심을 인정해야 합니다. 성령님이 나의 스승이 되심을 인정하는 것입니다.

성령님을 인정하십니까? 그렇다면 먼저 성령님의 존재를 인정해야 합니다. 성령은 '힘(energy)'이나 '분위기'가 아니라 인격을 가지신 분이십니다. 성령님은 삼위일체 하나님의 한 위격(位格)으로 본질상 하나님과 동일하십니다.

성령님의 존재만이 아니라 성령님의 모든 것을 인정해야 합니다. 성령님의 존재와 더불어 성령님의 사역 즉 성령님의 가르치심, 깨닫게 하심, 알려 주심, 진리 가운데로 인도하심, 예수님을 증언하심, 성령님의 중보기도하심, 우리로 하여금 예수님을 주(主)시라고 고백하게 하심 등의 사역을 모두 인정해야 합니다. 우리가 성령님을 바로 인정할 때 성령님은 기뻐하시고 우리를 위해 사역을 행하십니다.

그리고 성령의 열매, 성령의 은사 등을 인정해야 합니다. 이것은 인정하지 않고, 저것은 인정하고가 아닙니다. 성경에서 말하고 있는 모든 성령의 열매와 성령의 은사를 다 인정해야 합니다. 하나라도 인정을 하지 않으면 모든 것을 인정하지 않는 것이 되고 맙니다. 마치 성경에 나타난 예수님의 사역이나 기적 중에서 어떤 것은 나의 이성에 맞지 않는다고 부정하고 나의 이성에 맞는 것만을 인정한다면 그것은 성경과 하나님을 나의 이성과 생각 아래에 두는 것과 마찬가지입니다. 성령님에 대해서도 그런 오류를 범해서는 안 됩니다. 내 생각과 내 이성에 안 맞는 것 같아도 성경이 말하고 있는 성령님에 관한 모든 것을 인정해야만 우리는 성령님으로부터 제자훈련을 받을 수 있습니다.

둘째, 성령님의 가르쳐 주심과 제자훈련을 사모해야 합니다.

성령님의 가르치심의 내용은 예수님의 가르치심과 성경의 내용과 동일합니다. 왜냐하면 성령님이 성경의 저자이시며, 예수님이 말씀하신 것을 전하고 알리시기 때문입니다. 그러므로 성경에서 분명하게 말씀하고 있는 성령님의 가르치심을 부정적으로 생각하거나 의심해서는 안 됩니다. 도리어 예수님이 성령님의 가르치심을 인정하셨기에 사모해야 합니다.

요한복음 14장 26절, "보혜사 곧 아버지께서 내 이름으로 보내실 성령 그가 너희에게 모든 것을 가르치고 내가 너희에게 말한 모든 것을 생각나게 하리라"

요한복음 16장 13-14절, "그러나 진리의 성령이 오시면 그가 너희를 모든 진리 가운데로 인도하시리니 그가 스스로 말하지 않고 오직 들은 것을 말하며 장래 일을 너희에게 알리시리라 그가 내 영광을 나타내리니 내 것을 가지고 너희에게 알리시겠음이라"

셋째, 성령님께 직접 나를 가르쳐 주시고 제자훈련 시켜달라고 기도하는 것입니다.

이렇게 기도하면 성령님은 반드시 응답하실 것입니다. '내가 너를 가르치겠다'는 내적인 확신과 평안을 주십니다. 성경 말씀이 성령님의 가장 분명한 응답 방식이기 때문에 말씀을 통해 응답하십니다. 삶의 환경을 통해 응답하실 것입니다. 훈련받을 수 있는 장을 여시고 기회를 허락하십니다. 내 마음속에 성령님으로부터 제자훈련을 받아야겠다는 감동을 주십니다.

넷째, 성령님의 제자훈련에 온전히 순종하겠다고 고백하는 것입니다.

'성령님의 제자훈련에 온전히 순종하겠습니다'라는 고백은, 단순한 결심이 아니라 주권을 성령님께 넘기는 언약적 선언에 가깝습니다. 즉 '나는 성령님이 주도하시는 제자훈련에 참여하겠습니다'라는 고백입니다. 이런 고백을 하면 어떤 일들이 일어날까요?

성령님은 '주도권'을 실제로 취하십니다. 순종의 고백 이후 가장 먼저 나타나는 변화는 내가 내 인생을 끌고 가고 있다는 느낌은 점점 약해지고, 성령님의 인도를 받고 있다는 느낌이 강해집니다.

숨겨진 나의 내면이 드러나게 되고 성령님은 그 내면을 다루기 시작합니다. 성령님은 순종의 고백을 '제자훈련 사역 준비'가 아니라 '성령님의 손에 빚어질 그릇으로 자신을 내어 드리는 준비'로 받아들이십니다. 그래서 감추고 싶었던 성품과 동기가 드러나고, 과거의 상처, 미해결된 죄, 왜곡된 자아가 떠오르게 됩니다. 그리고 그것에 대한 정리와 회개가 필요하다는 인식이 분명히 주어지게 됩니다. 다윗의 '내 속에 정한 마음을 창조하시고'라는 고백처럼 말입니다.

시편 51편 10절, "하나님이여 내 속에 정한 마음을 창조하시고 내 안에 정직한 영을 새롭게 하소서"

그리고 말씀에 대한 반응 속도가 달라지게 됩니다. 온전히 순종하겠다는 고백 이후에는 말씀을 '듣고 아는 단계'에서 '즉시 반응하고 실천하는 단계'로 옮겨 가게 됩니다. 그 말씀이 설명이 아니라 요구로 들리게 됩니다. '알겠습니다.'보다 '순종하겠습니다.'가 먼저 나오게 됩니다. 작은 말씀에도 마음이 즉각적으로 반응하게 됩니다.

관계의 훈련이 본격적으로 시작됩니다. 성령님이 주도하시는 제자훈련은 거의 예외 없이 사람과의 관계 속에서 구체화됩니다. 용서해야 할 사람이 분명해지고 내가 낮아져야 할 관계가 드러납니다.

이렇게 순종의 고백을 하게 되면 성령님이 그 사람으로 하여금 제자훈련을 받을 수 있는 토양을 갖추게 하십니다.

앤드류 머레이(Andrew Murray)는 저서 『나를 제자 삼으소서』에서 제자훈련에서의 인간적 훈련의 한계를 지적하며, 오직 내주(內住)하시는 성령만이 제자의 마음을 직접 다스려 '그리스도의 마음'을 가르칠 수 있다고 주장합니다. 그는 성령이 직접 시키는 제자훈련의 방법을 '굴복(Surrender)'과 '들음(Listening)'으로 정의하며, 성령이 직접적인 스승이 되실 때 '인격적 변화'가 일어난다고 말합니다.

그러므로 성령님으로부터 직접 제자훈련을 받는 것이 결코 성경(예수님의 말씀)을 벗어난 신비주의가 아니라, 오히려 성경의 핵심으로 들어가는 과정입니다.

◀ 10장 요약 ▶

오늘날에도 성령님으로부터 직접 제자훈련을 받는 것이 가능하며, 그것이 성경적이고 예수님의 뜻입니다. 성령님으로부터 직접 제자훈련을 받는다는 개념이 신비주의나 비성경적으로 오해될 수 있으나, 베드로와 바울을 비롯한 성경의 많은 인물들이 실제로 성령님의 가르치심과 인도하심 속에서 훈련받았다는 점에서 그 근거를 찾을 수 있습니다.

예수님께서는 제자훈련 사역을 위해 보혜사 성령님을 보내셨으며, 성령님은 예수님의 영으로서 오늘날에도 성도들을 가르치고 깨닫게 하며 분별하게 하여 참된 제자로 성장시키십니다. 그러므로 성령님은 단순한 능력이나 영향력이 아니라 인격체이신 하나님이자 제자훈련의 참된 스승이십니다.

성령님으로부터 직접 제자훈련을 받기 위해서는 성령님의 존재와 모든 사역(가르치심, 인도하심, 열매와 은사 등)을 전인격적으로 인정하고, 성령님의 가르치심을 사모하며, 성령님께 직접 가르침과 훈련을 구하고 기도하며, 성령님의 인도하심에 전적으로 순종하겠다고 결단해야 합니다.

■ 질문 ■

1. '성령님의 제자훈련에 온전히 순종하겠습니다'라고 고백한 후, 내 삶에서 주도권이 이동하고 있다고 느껴지는 영역은 어디입니까? (계획, 관계, 시간 사용, 결정 방식 등)

2. 성령님께서 지금 나의 내면이나 관계 속에서 특별히 다루고 계신 성품이나 태도는 무엇이라고 생각합니까? 그리고 그 앞에서 나는 회피하고 있습니까, 순종하고 있습니까?

3. 최근의 어려움이나 반복되는 문제 상황을 '문제'가 아니라 '성령님의 제자훈련 과정'으로 바라볼 때, 무엇을 배우도록 부르심을 받고 있다고 느낍니까?

“그러나 진리의 성령이 오시면 그가 너희를 모든 진리 가운데로 인도하시리니

그가 스스로 말하지 않고 오직 들은 것을 말하며 장래 일을 너희에게 알리시리라”

- 요한복음 16장 13절 -

성령의 은사는 제자훈련을 위한 강력한 도구이다

제자훈련, 특히 성령님이 주도하시는 제자훈련을 하려는 사역자는 성경이 말하고 있는 은사에 대해서 소극적이거나 부정적으로만 생각하지 말고, 성령님이 나누어 주시는 은사들을 사모하여 풍성하고 깊이 있게 받았으면 좋겠습니다.

실질적으로 제자훈련을 하다 보면, 성령의 은사들이 얼마나 제자훈련을 시키는 데 효과적이고 유익한지 이루 말로 다할 수가 없을 정도입니다. 제자훈련을 받는 훈련생 중에도 성령의 은사를 받은 사람들이 적지 않습니다. 방언의 은사는 물론이고 통역의 은사와 예언의 은사를 받은 사람도 있고, 병 고치는 은사를 받은 사람들도 있습니다.

제가 사랑의교회에서 제자훈련 디렉터로 있을 때, 여의도순복음교회에서 리더로서 큰 역할을 담당하시는 몇 분들이 사랑의교회의 제자훈련을 받고 싶다고 찾아온 적이 있었습니다. 이분들은 은사에 대해서 아주 경험이 많고 특히 기도를 깊이 있게 오래 하는 분들이었습니다.

제자훈련을 받겠다고 찾아왔는데 그분들이 은사가 많다고 해서 안 된다고 하는 것은 성령님이 원하시는 것이 아니지요? 이런 분들과 은사들을 받은 사람들을 제자훈련을 시키려면 사역자들이 은사에 대해서 그들보다 성경적으로 정확하고 깊이 있게 알고 있어야 하고, 성경에서 말하고 있는 은사들을 그들 못지않게 훈련자(사역자)들도 받았으면 좋겠다고 생각합니다. 그들을 바로 가르치고 지도하기 위해서 필요하기 때문입니다.

여러 가지 은사 중에서 제자훈련을 하는 훈련자가 꼭 갖추어야 할 은사가 있습니다. 가르치는 은사, 지혜의 말씀, 지식의 말씀의 은사입니다. 이 은사들은 서로 일맥상통합니다. 이 은사들 외에 다른 은사들도 훈련자에게는 필요하지만, 훈련자는 훈련생들을 가르치는 자이고 깨닫게 하는 자이고, 알려 주는 자이고, 생각나게 하는 자이기 때문에 가르치는 은사, 지혜의 말씀의 은사, 지식의 말씀의 은사가 필요한 것입니다.

요한복음 14장 26절, "보혜사 곧 아버지께서 내 이름으로 보내실 성령 그가 너희에게 모든 것을 가르치고 내가 너희에게 말한 모든 것을 생각나게 하리라"

요한복음 16장 13절, "그러나 진리의 성령이 오시면 그가 너희를 모든 진리 가운데로 인도하시리니 그가 스스로 말하지 않고 오직 들은 것을 말하며 장래 일을 너희에게 알리시리라”

‘가르치는 은사’는 성경의 진리를 체계적으로 이해하고, 이를 다른 사람들에게 명확하게 전달하여 삶의 변화를 일으키는 은사입니다.

로마서 12장 7절, “혹 섬기는 일이면 섬기는 일로, 혹 가르치는 자면 가르치는 일로,”

가르치는 은사는 단순히 “지식 전달”을 넘어 “영적 성장”을 목적으로 합니다. 가르치는 은사가 있는 자는 깊고 오묘한 성경의 진리를 누구나 이해할 수 있도록 쉽고 명확하게 풀어서 설명하는 능력이 있습니다. 성경 지식을 단편적으로 나열하지 않고, 논리적이고 체계적으로 구조화하여 전달합니다.

가르치는 은사를 가진 자는 자신의 지혜가 아니라 성령님이 깨닫게 하시는 ‘조명(Illumination)’을 통해 말씀의 본질을 꿰뚫어 봅니다. 아는 것에 그치지 않고, 그 말씀이 오늘날 우리의 삶 속에서 어떻게 실천되어야 하는지 구체적인 길을 제시합니다. 가르치는 은사를 가진 자는 ‘그리스도의 제자 됨’을 목적으로 가르치고, 성령의 능력을 힘입어 말씀으로 사람의 가치관을 변화시키고 영적 성숙을 이끌어 냅니다.

성경에는 가르치는 은사가 탁월하게 나타난 인물들이 많습니다. 이들은 공통적으로 하나님의 말씀을 체계적으로 풀어내어 선포하고, 들는 이들이 진리를 깨달아 삶이 변화되도록 돕는 역할을 했습니다.

구약에서 에스라는 가르치는 은사를 가진 사람이 가져야 할 가장 모범적인 태도를 보여 준 학자(學者/학사學士)이자 제사장입니다.

에스라 7장 10절, "에스라가 여호와의 율법을 연구하여 준행하며 율례와 규례를 이스라엘에게 가르치기로 결심하였었더라"

에스라는 단순히 지식만 전달한 것이 아니라, 본인이 먼저 말씀을 '준행(실천)'한 후에 가르쳤습니다. 포로 귀환 후 영적 정체성을 잃은 이스라엘 백성에게 하나님의 법을 체계적으로 가르쳐 신앙 부흥의 기초를 닦았습니다.

신약에서는 사도 바울을 꼽을 수 있습니다. 논리적이고 체계적인 성경 교사요, 신학(神學)의 교사요 '이방인의 사도'인 동시에 최고의 '교사'였습니다.

디모데전서 2장 7절, "이를 위하여 내가 전파하는 자와 사도로 세움을 입은 것은 참말이요 거짓말이 아니니 믿음과 진리 안에서 내가 이방인의 스승이 되었노라"

바울은 구약의 예언이 어떻게 예수 그리스도를 통해 성취되었는지를 논리적으로 증명했습니다. 로마서와 같은 서신서를 통해 기독교 신학의 뼈대를 세웠으며, 가는 곳마다 회당에서 '강론'하며 사람들을 설득하고 가르쳤습니다.

아볼로는 말씀에 대한 뜨거움과 가르치는 지적 능력을 동시에 겸비한 인물이었습니다.

> 사도행전 18장 24-25절, "알렉산드리아에서 난 아볼로라 하는 유대인이 에베소에 이르니 이 사람은 언변이 좋고 성경에 능통한 자라 그가 일찍이 주의 도를 배워 열심으로 예수에 관한 것을 자세히 말하며 가르치나 요한의 세례만 알 따름이라"

그는 언변이 좋고 성경에 능통했습니다. 특히 유대인들을 상대로 성경을 풀어서 예수가 그리스도임을 공적으로 증명하는 데 탁월한 능력을 발휘하여 교회에 큰 유익을 주었습니다.

브리스길라와 아굴라는 평신도였지만, 당대 최고의 지식인이었던 아볼로를 데려다가 복음의 핵심을 가르칠 정도로 깊은 영적 통찰과 가르치는 은사가 있었습니다. 대중 앞에서의 강의뿐만 아니라, 일대일 혹은 소그룹에서 진리를 '명료화'해 주는 가르치는 은사의 전형을 보여 줍니다.

'지식의 말씀의 은사'는 '영적 상태를 꿰뚫어 보는 통찰력'을 말합니다. 인간의 이성이나 감각으로는 알기 힘든 특정한 사실이나 상황에 대해 성령님께서 초자연적으로 깨닫게 해 주시는 지식이나 능력을 말합니다. 이것은 제자훈련을 하는 훈련자에게는 매우 필요한 것입니다.

성령님께서 현재 일어나고 있는 일이나 과거의 숨겨진 사실을 알게 하시기도 하고, 상대방이 말하지 않은 고민이나 상황을 성령님께서 알게 하심으로 정확한 위로와 격려를 전할 수 있고, 공동체 내의 복잡한 문제 뒤에 숨겨진 영적인 배경을 파악하게 하여 그 문제를 풀게 하십니다. 그리고 성경 속에 감추어진 하나님의 뜻과 원리를 명확하게 파악하여 훈련생들이 이해하기 쉽게 풀어낼 수 있도록 돕습니다.

요한복음 4장을 보면, 예수님께서 우물가에서 만난 사마리아 여인과 대화를 하십니다. 처음 보는 그 여인에게 예수님이 "네 남편을 불러오라"고 하십니다. 여인은 남편이 없다고 답합니다. 예수님은 "네게 남편 다섯이 있었고 지금 있는 자도 네 남편이 아니니 네 말이 참되도다"라고 말씀하십니다. 여인은 깜짝 놀라면서 자신의 과거를 모두 아시는 예수님을 보고 "주여 내가 보니 선지자로소이다"라며 메시아를 발견하게 됩니다. 예수님은 지식의 은사가 충만하셨음을 알 수 있습니다.

초대 교회 당시, '아나니아와 삽비라'라는 부부가 소유를 팔아 일부를 감추고 전부를 바치는 척했을 때입니다. 아나니아가 헌금을 가져와 사도들 앞에 놓습니다. 겉으로는 경건한 헌신처럼 보였습니다. 베드로는 성령을 통해 그가 돈의 일부를 감추었다는 사실을 즉각 알게 됩니다. "아나니아야 어찌하여 사탄이 네 마음에 가득하여 네가 성령을 속이고 땅값 얼마를 감추었느냐?" 인간의 눈에는 보이지 않던 '탐욕'과 '거짓'이라는 사실이 성령의 지식으로 드러났습니다. 이것이 '지식의 은사'입니다.

성령의 은사는 귀한 것이지만, 인간의 연약함이 개입될 수 있으므로 주의가 필요합니다. 지식의 은사로 타인의 허물을 드러내어 수치심을 주는 것은 은사의 본질에 어긋난 아주 잘못된 것입니다. 반드시 사랑의 마음으로 아주 조심스럽게 사용해야 하고 덕을 세워야 합니다. 자신이 모든 것을 다 안다는 식의 태도는 아주 위험하며, 항상 겸손하게 공동체의 덕을 세우는 데 집중해야 합니다. 은사를 통해 알게 된 내용이 성경의 가르침과 충돌한다면 그것은 잘못된 영적 체험일 가능성이 높습니다. '성경 말씀'이 평가와 판단의 기준이 된다는 사실을 놓쳐서는 안 됩니다.

많은 사람들은 성령의 은사 중에서 지식의 은사에 대해서 매우 부정적으로 생각하는 경향이 있습니다. 오늘날 성경이 있기 때문에 '지식의 은사'는 다른 것이 아니라 성경이라고 말하는 사람들도 있습니다.

그러나 성경은 '지식의 은사'를 분명히 말씀하고 있고, 이 지식의 은사가 나타난 사례는 성경에 참 많습니다. 그때의 성령님이 오늘도 동일한 성령님이시고 오늘날도 동일하게 사역하고 계십니다. 성경을 그대로 믿고, 내 생각과 차이가 있을지라도 그것을 부정하고 비판하기보다는 내가 이 부분에 잘 모르는 것이 있을 수 있다는 겸허한 자세를 취하는 것이 지혜로운 자의 모습입니다.

제자훈련을 하는 사역자들은 이러한 성령의 은사들을 구하여 받는 것이 필요합니다. 성령님이 주도하시는 제자훈련을 성령님이 원하시는 뜻대로 하겠다고 구하는 데, 성령님이 주시지 않을 이유가 없을 것입니다.

'지혜의 말씀의 은사'는 복잡하고 어려운 상황 속에서 하나님의 뜻에 합당한 최선의 해결책을 찾아내고 선포하는 은사입니다. 인간의 꾀나 경험에서 나오는 판단이 아니라, 성령님께서 주시는 영적인 통찰력과 영적인 지혜입니다.

인간적인 경험이나 지식만으로는 하기 어려운, 때에 맞는 조언, 방향, 결정을 말하게 하시는 은사입니다.

즉, '무엇을 해야 하는지, 어떻게 행동해야 하는지'를 하나님이 성령님을 통해 알려 주시고 말하게 하시는 은사입니다.

'지혜의 말씀의 은사'는 '삶에 적용하는 실제적 해답'을 줄 수 있습니다. 알고 있는 지식을 어떻게 구체적인 상황에 적용하고 문제를 해결할지 성령님께서 가르쳐 주시는 능력입니다. 훈련생이 말씀을 삶 속에서 어떻게 실천해야 할지 막막해할 때, 훈련자는 지혜의 은사를 통해 그 사람의 환경에 맞는 실제적인 적용점을 제시해 줄 수 있습니다. 훈련 과정 중에 일어나는 갈등이나 영적 시험을 하나님의 방법으로 지혜롭게 돌파하게 합니다.

이 '지혜의 말씀의 은사'가 명확하게 나타난 사례들은 성경에 여러 곳에서 찾을 수 있습니다. 당시 초대 교회는 '이방인 신자들에게 유대인의 율법(할례 등)을 지키게 해야 하는가?'라는 문제로 큰 분열 위기에 처해 있었습니다. 예루살렘 공의회에서 사도들과 장로들이 모여 격렬하게 토론했지만 결론이 나지 않았습니다.

사도행전 15장 13-21절을 보면, 이때 예수님의 형제 야고보가 일어나 구약 성경의 말씀을 인용하여 "하나님께로 돌아오는 이방인들을 괴롭게 하지 말고, 다만 우상의 더러운 것과 음행 등 몇 가지만 금하자"라는 명확한 가르침을 선포합니다.

이 한마디에 모든 논쟁이 그치고 교회는 하나가 되었습니다. 야고보는 성령님의 인도하심 가운데, 구약 성경을 해석하여 공동체가 순종할 수 있는 방향을 제시했습니다. 급박한 상황 속에 이것을 해결할 수 있는 말씀(구약)이 떠올랐다는 것입니다.

야고보가 이방인 선교의 정당성을 증명하기 위해 인용한 말씀의 근거는 구약 성경 아모스 9장 11~12절입니다. 이 인용은 단순히 과거의 말씀을 옮겨온 것이 아니라, 당시의 갈등 상황을 종식시킨 결정적인

'지혜의 말씀'이었습니다. 구체적인 근거와 특징은 다음과 같습니다.

이 말씀은 하나님께서 장차 '다윗의 무너진 장막'을 다시 세우고, 그 결과로 "모든 민족(이방인)"이 주를 찾게 될 것이라는 회복의 예언입니다. 야고보는 이 예언이 예수 그리스도의 부활과 성령의 역사를 통해 현재 성취되고 있다고 선포했습니다. 즉, 이방인들이 주께 돌아오는 것은 갑작스러운 사건이 아니라 하나님의 오래된 계획임을 성경으로 확증한 것입니다.

아모스 9장 11-12절, "그날에 내가 다윗의 무너진 장막을 일으키고 그것들의 틈을 막으며 그 허물어진 것을 일으켜서 옛적과 같이 세우고 그들이 에돔의 남은 자와 내 이름으로 일컫는 만국을 기업으로 얻게 하리라 이 일을 행하시는 여호와의 말씀이니라"

이렇게 성령님이 훈련자에게 주신 성령의 은사들은 훈련생의 마음 깊은 곳에 있는 문제의 핵심을 꿰뚫어 보게 하여 짧은 시간에 그 문제점이 무엇인지 알고, 깊은 회개와 치유를 끌어내기도 하며, 훈련생을 가로막는 영적인 방해 요소들을 분별하고 파악하여 훈련자가 훈련생 개인과 전체에 대한 올바른 영적 대책을 줄 수 있는 참 좋은 영적 도구가 됩니다. 그리고 제자훈련 중에 치유나 예언적 위로를 경험한 훈련생은 하나님이 자신을 개인적으로 사랑하신다는 사실을 100% 확신하게 되며, 이는 헌신적인 제자의 삶으로 이어지게 됩니다.

제자훈련을 하다 보면 인간의 가르침과 권면이나 상담만으로는 도저히 깨지지 않는 '견고한 진'을 갖고 있는 훈련생을 만날 때가 많습니다. 예수 믿는 사람이지만 상처와 트라우마, 두려움과 염려, 분노와 중독 등으로 차돌처럼 굳어진 사람들도 있습니다. 이때 성령님의 은사는 이것들을 깨뜨리고 돌파하는 강력한 도구가 되기도 합니다. 제자훈련 훈련자가 제자훈련을 하면서 성령의 은사를 적절히 운용할 때, 훈련생들은 훈련자를 더욱더 신뢰하게 되고 사역자의 지식을 넘어 그와 함께하시는 하나님의 임재 앞에 그들의 마음을 열게 됩니다.

훈련자가 성령의 감동으로 권면할 때, 훈련생은 이를 사람의 말이 아닌 하나님의 음성으로 듣게 되어 훈련의 권위가 세워지고, 훈련자의 은사를 통해 성령의 능력을 보여 줄 때 훈련생들은 그를 신뢰하며 더 깊은 훈련의 단계로 나아가게 됩니다.

성령님이 주도하시는 제자훈련에서 훈련자의 가르치는 은사는 성경 진리를 정확히 이해하고 삶에 적용하도록 돕고, 권면과 격려의 은사는 어려움에 처하고 낙심한 훈련생을 지속적으로 제자훈련에 참여하게 하고 신앙생활의 엔진이 꺼지지 않도록 돕고 힘을 줍니다.

지혜, 지식, 영 분별의 은사는 잘못된 영들과 이단들을 분별하고, 삶에서 선택과 결정이 실수가 없이 하나님의 뜻대로 이루어지도록 돕습니다. 치유와 능력의 은사는 제자훈련 중에 놀라운 성령의 역사를 체험하고 하나님의 자녀로 믿음을 굳건히 하고 이 세상에서 건강하고 담대하게 살도록 돕습니다. 예언의 은사는 훈련생이 다른 사람에게 믿음과 사랑을 나누고 사역을 실천하도록 자극하고 각자에게 주신 비전을 이루어 가도록 격려하고 권면하고 위로합니다. 이렇게 훈련자가 갖고 있는 성령의 은사는 제자훈련생의 변화를 촉진할 뿐만 아니라 제자훈련을 더 풍성하고 유익하게 만듭니다.

제가 전에 섬기던 교회에서 제자훈련을 할 때의 이야기입니다. 그해는 제가 여자 제자훈련반을 맡게 되어 훈련 대상자와 다 면담을 하고 오리엔테이션도 가지고 서로 소개도 하고 제자훈련에 대한 정보도 다 제공해 주었습니다. 이제는 시작만 하면 되는 상황이었습니다.

그런데 갑자기 제가 맡은 여자 제자반을 다른 사역자에게 넘기고 새로 갑자기 구성된 남자 제자반을 맡으라고 하셨습니다. 이 남자 제자반의 구성원을 보니까 제자훈련 대상자 자격이 부족한 사람들이었습니다. 즉 제자훈련을 받을 수 없는 사람들이었습니다. 그런데 부인들이 교회에서 봉사도 열심히 하고 중추적인 직분도 갖고 있었는데 이 부인들의 간곡한 요청에 의해서 갑자기 뒤늦게 구성된 남자 제자반이었습니다. 이들은 교회에 나온 지는 아주 오래되었지만 믿음은 별로였습니다. 그러나 교회를 오래 다녔기 때문에 들은 것이 많아서 성경 지식만큼은 대단했습니다. 나이도 많았고, 말들도 유창하게 잘하고 사회 경험도 많고 사회에서 잘 나가는 분들이었습니다.

처음 만나서 인사를 하는데, 한 분이 일어나서 이렇게 말하는 것입니다. "목사님, 우리들을 제자훈련 잘 시킬 생각은 하지 마세요, 우리는 돌대가리들입니다." 기대하지 말라는 것입니다. 그 말을 듣는 순간

깜짝 놀랐고 충격을 받았습니다. 두려움이 생겼습니다. '야 큰일 났구나! 이런 사람들을 내가 어떻게 제자훈련 시키지?'

저는 성령님만을 의지하며 성령님께 도움을 구하는 마음으로 제자훈련을 해 나가기 시작했습니다. 처음에는 얼마나 큰 반발과 위협이 들어오는지… 그러나 제가 의지한 성령님은 그들보다 더 강한 분이셨습니다. 계속 성령님을 의지했습니다. 성령님이 강력하게 역사하면서 그들은 조금씩 변하기 시작했습니다.

제자훈련 중에 성령님의 역사하심이 강하게 나타났습니다. 수술한 사람이 업혀서 제자훈련에 참석해 소파에 누워 훈련을 받기도 했습니다. 제자훈련을 마치던 날 한 분이 일어나서 이렇게 고백했습니다. "목사님 우리는 이제 돌대가리가 아닙니다. 다이아몬드입니다." 얼마나 감격스러웠는지… 성령님이 저에게 주신 은사들이 이렇게 제자훈련의 중요한 도구가 된 것을 체험했습니다.

◀ 11장 요약 ▶

훈련자는 성령의 은사에 대해 소극적이거나 부정적인 태도를 버리고, 이를 사모하며 깊이 있게 경험하는 것이 좋습니다. 특히 은사를 받은 훈련생들을 바르게 지도하기 위해서는 훈련자가 그들보다 성경적으로 정확하고 깊은 은사의 지식과 체험이 필요합니다.

상처, 트라우마, 분노, 중독 등으로 차돌처럼 굳어진 '견고한 진'을 가진 훈련생들은 인간의 상담이나 가르침만으로는 변화시키기 어렵습니다. 이때 성령의 은사(지혜, 지식, 영 분별 등)는 문제의 핵심을 꿰뚫어 짧은 시간에 깊은 회개와 치유를 끌어내는 강력한 돌파구가 될 수 있습니다.

훈련자가 성령의 은사를 적절히 운용할 때, 훈련생은 훈련자의 지식을 넘어 그와 함께하시는 하나님의 임재를 경험하게 됩니다. 이는 훈련자에 대한 신뢰로 이어지며, 하나님이 자신을 개인적으로 사랑하신다는 확신을 갖게 하여 결국 자발적이고 헌신적인 제자의 삶을 살게 합니다.

저자가 경험한 사역의 실례에서 인간적인 조건으로는 훈련이 불가능해 보였던 '돌대가리'라고 자처하던 남자 훈련생들이 성령의 강력한 역사와 은사 활용을 통해 '다이아몬드'와 같은 존재로 변화되었습니다. 이는 다양한 성령의 은사가 제자훈련의 현장에서 얼마나 풍성한 유익을 주는지를 보여 주는 실제적인 증거입니다.

■ 질문 ■

1. 제자훈련에서 성령의 은사가 필요한 이유는 무엇입니까?

2. 훈련자가 성령의 은사를 이해하고 경험해야 하는 이유는 무엇입니까?

3. 성령의 은사를 활용한 제자훈련이 훈련생에게 주는 구체적 효과는 무엇입니까?

성령님이 주도하시는
제자훈련의 커리큘럼과 교재

제자훈련을 위해서는 커리큘럼이나 교재가 있어야 제자훈련이 진행될 수가 있습니다. '커리큘럼'을 담은 교재가 필요한 이유는 단순히 지식을 전달하기 위해서가 아니라, 훈련의 방향성과 통일성을 유지하기 위해서입니다.

우선 성령님이 주도하시는 제자훈련에서도 커리큘럼과 교재가 필요한 이유는 성령님은 '성경'이라는 교재를 통해 가르치시기 때문입니다. 성령님은 근거 없이 새로운 내용을 가르치시는 분이 아니라, '예수님이 주신 말씀(성경)'을 가르쳐주시고 깨닫게 하시는 분입니다.

요한복음 14장 26절, "보혜사 곧 아버지께서 내 이름으로 보내실 성령 그가 너희에게 모든 것을 가르치고 내가 너희에게 말한 모든 것을 생각나게 하리라"

성령님이 주도하시는 제자훈련도 '변화'라는 목표가 있기 때문에 그 목적을 이루어 가기 위한 과정이 필요합니다. 바로 '커리큘럼'이 필요한 이유입니다. 성령님이 주도하시는 제자훈련은 이러한 목표가 없이 진행되지 않습니다. 성경은 성령님이 우리 삶에 이루고자 하시는 커리큘럼의 목표를 명확히 제시합니다.

바로 '변화의 내용'이 성령의 열매입니다. 성령의 아홉 가지 열매인 사랑, 희락, 화평, 오래 참음, 자비, 양선, 충성, 온유, 절제, 이것이 바로 성령님이 우리 인격 속에 만들어 가시는 '성화(聖化, Sanctification)', 즉 '예수 그리스도의 장성한 분량'이라는 커리큘럼입니다. 성령님은 제자훈련을 통해서 이 커리큘럼을 하나씩 하나씩 이루어 가십니다.

갈라디아서 5장 22-23절, "오직 성령의 열매는 사랑과 희락과 화평과 오래 참음과 자비와 양선과 충성과 온유와 절제니 이 같은 것을 금지할 법이 없느니라"

에베소서 4장 13절, "우리가 다 하나님의 아들을 믿는 것과 아는 일에 하나가 되어 온전한 사람을 이루어 그리스도의 장성한 분량이 충만한 데까지 이르리니"

성령님이 주도하시는 제자훈련에도 커리큘럼과 교재는 필요하지만 여기에 전적으로 묶이면 성령님의 주도하심이 약화될 수 있으므로, 성령님의 역동적인 주도하심을 담아낼 수 있는 유연한 구조의 커리큘럼과 교재가 필요합니다.

성령님이 주도하시는 제자훈련에서의 커리큘럼을 한 번 생각해 봅시다. 성령님이 주도하시는 제자훈련은 단순한 지식 전달이나 프로그램을 이수하는 것이 아니라 주도하시는 성령님이 조명하셔서 훈련생의 내면이 변화되고, 삶이 하나님이 기뻐하시는 삶으로 바뀌는 것입니다. 그러므로 커리큘럼을 고정된 텍스트에 가두어 놓기보다 성령님이 역동적으로 주도하실 수 있는 구조를 가져야 합니다.

제가 오랜 제자훈련과 사역훈련 경험을 바탕으로 '성령님이 주도하시는 제자훈련'의 커리큘럼과 교재를 성령님 중심의 모델의 한 예로 제시합니다. 커리큘럼은 훈련의 방향과 목표이며, 교재는 그 커리큘럼을 주차별로 구체화한 것입니다. 먼저 그 커리큘럼의 핵심 요소 네 가지를 말씀드립니다.

성령님이 주도하시는 제자훈련의 커리큘럼(예시)

1. 성령님은 누구신가?

제자훈련을 주도하시는 성령님이 누구신가를 바로 아는 것이 가장 중요하다고 말할 수 있습니다.

성령님의 존재, 하나님과 예수님과 성령님과의 관계, 성령님의 사역, 성령님의 열매, 성령님의 은사, 성령님의 권능 등 이러한 것을 잘 알아야 합니다.

2. 성령님과의 관계

어떻게 성령님과 친밀해질 수 있을까요? 지식적인 성경 공부에 앞서서 성령님과의 인격적인 교제를 먼저 배우는 것이 좋습니다. 성령님과 회개, 성령님과 성경, 성령님과 기도, 성령님의 음성을 듣는 법 등을 배우고 훈련을 받습니다.

3. 성령님에 의한 변화

내 인생 주재권(主宰權)의 변화, 성령님에 의한 내 지식과 감정과 의지의 변화, 내 성품의 변화, 내 삶의 우선순위의 변화, 능력의 변화, 인간관계의 변화, 가치관의 변화, 세계관의 변화, 상처 치유, 이런 변화의 부분을 다룹니다.

4. 증인이 되라는 성령님의 명령에 순종함

‘성령님이 주도하시는 제자훈련’은 성품의 변화, 삶의 변화, 능력의 변화인데 이렇게 목적이 이루어지면 제자훈련이 끝나는 것일까요? 아닙니다. 제자훈련의 종착역은 세상 속에서 증인이 되는 것입니다.

일터와 일상에서 증인이 되는 것입니다. 교회 안의 제자를 넘어 삶의 현장에서 성령님의 다스림을 선포하는 제자가 되는 것입니다. 그러기 위해서 세상의 유혹과 영적 공격에 대해서 하나님의 전신갑주를 입고 대처하고 이겨야 합니다. 그리고 성령님의 인도하심을 따라서 다른 사람을 돕고, 세우는 '재생산'을 해야 합니다.

> 마태복음 28장 19-20절, "그러므로 너희는 가서 모든 민족을 제자로 삼아 아버지와 아들과 성령의 이름으로 세례를 베풀고 내가 너희에게 분부한 모든 것을 가르쳐 지키게 하라 볼지어다 내가 세상 끝날까지 너희와 항상 함께 있으리라 하시니라"

> 사도행전 1장 8절, "오직 성령이 너희에게 임하시면 너희가 권능을 받고 예루살렘과 온 유대와 사마리아와 땅끝까지 이르러 내 증인이 되리라 하시니라"

> 디모데후서 2장 2절, "또 네가 많은 증인 앞에서 내게 들은 바를 충성된 사람들에게 부탁하라 그들이 또 다른 사람들을 가르칠 수 있으리라"

위의 커리큘럼은 하나의 예시로 제시된 것입니다.

성령님이 주도하시는 제자훈련의 교재(예시)

이 교재는 단순한 지식 전달이 아닌 '성령님이 주도적으로 제자훈련 하심'에 초점을 맞추었습니다. 제자들이 성령님이 누구신가를 바로 알

고, 성령님과의 관계를 깊이 있게 맺고, 성품과 삶이 변화되며, 궁극적
으로 증인의 삶을 살아가는 데 필요한 훈련 내용을 체계적으로 다룹니
다. 각 단계는 8주씩 구성되며, 총 32주 과정으로 구성해 보았습니다.

[1단계] 성령님은 누구신가?(1~8주)

1주: 보혜사 성령님, 그분은 누구신가? (인격과 속성)

2주: 성령님의 내주와 성령충만

3주: 구원의 보증과 확신 (성령의 인치심)

4주: 성령님은 어떤 일을 하시는가? (성령의 사역)

5주: 성령의 열매를 맺게 하시는 분(1) (성령의 열매)

6주: 성령의 열매를 맺게 하시는 분(2) (성령의 열매)

7주: 성령의 은사를 주시는 분(1) (성령의 은사)

8주: 성령의 은사를 주시는 분(2) (성령의 은사)

[2단계] 성령님과의 관계(9~16주)

9주: 성령님과의 동행

10주: 성령님의 음성을 듣기

11주: 성령님과 회개

12주: 성령님과 기도

13주: 성령님과 성경

14주: 성령님의 인도하심 받기

15주: 성령님과 순종

16주: 성령님께 내 주재권(主宰權)을 내어드리기

[3단계] 성령님에 의한 변화(17~24주)

17주: 인격과 성품의 변화

18주: 생각과 말의 변화

19주: 삶의 우선순위의 변화

20주: 능력의 변화

21주: 가치관과 세계관의 변화

22주: 성령님에 의한 치유(내적 치유와 외적 치유)

23주: 인간관계의 변화(용서와 화해)

24주: 분별력의 변화

[4단계] 증인이 되라는 성령님의 명령에 순종함(25주~32주)

25주: 나의 비전과 사명

26주: 증인으로의 부르심

27주: 성령의 권능을 받는 법

28주: 복음이란 무엇인가?

29주: 복음을 전하는 법(말과 행동과 삶)

30주: 십자가를 지는 삶

31주: 영적 전쟁 (1): 마귀의 궤계와 대적

32주: 영적 전쟁 (2): 하나님의 전신갑주와 성령의 검

성령님이 주도하시는 제자훈련 32주 프로그램은 매우 강력한 영적 도구입니다. 하지만 이 모델은 일반적인 성경 공부와 달리 '살아계신 성령님의 즉각적인 개입'을 전제로 하기 때문에, **사역자(훈련자)가 운영 시 반드시 지켜야 할 영적 지침이 있습니다.**

첫째, '프로그램'이 '성령님'을 앞서지 않게 하십시오.

32주의 짜임새 있는 교재는 좋은 길잡이이지만, 자칫하면 사역자가 '진도'를 나가는 데 급급해질 수 있습니다. 특정 주차에 성령님께서 강력하게 임재하여 훈련생들이 깊은 회개나 치유를 경험하고 있다면, 준비한 교재 내용을 다 끝내지 못하더라도 성령님의 흐름에 머물러야 합니다. 교재는 '지도'일 뿐, '길' 자체는 성령님이심을 잊지 마십시오.

둘째, 사역자(훈련자)는 '스승'이 아니라 '성령님의 조력자'임을 명심해야 합니다.

사역자는 '내가 훈련생을 변화시킬 수 있다'는 교만을 내려놓아야 합니다. 사역자가 모든 답을 주려 하거나 자신의 영적 권위를 과시하면

훈련생은 성령님이 아닌 사역자를 의지하게 됩니다.

훈련생이 성령님과 직접 대면하도록 돕는 '영적 중보자' 역할에 충실하십시오. '성령님은 이 부분에 대해 당신의 마음속에 뭐라고 말씀하십니까?'라고 질문을 던지는 것이 중요합니다.

셋째, '은사'의 질서와 '성품'의 균형을 유지하십시오.

1단계와 3단계에서 은사와 능력을 다룰 때 자칫 신비주의나 은사 우월주의로 흐를 위험이 있습니다. 은사가 나타날 때 무질서해지거나, 은사를 받은 사람이 교만해지지 않도록 주의해야 합니다.

은사는 항상 '공동체의 덕'을 세우기 위함이며, 은사보다 더 중요한 것은 성품 즉 '성령의 열매'임을 끊임없이 가르쳐야 합니다.

고린도전서 14장 40절, "모든 것을 품위 있게 하고 질서 있게 하라"

넷째, 사역자는 영적으로 투명해야 하고 신앙의 본보기가 되어야 합니다.

성령님 주도적 훈련은 사역자의 영적 상태가 훈련생들에게 그대로 전이됩니다. 사역자 자신이 성령님과 동행하지 않으면서 이론적으로만 성령님을 가르치면 훈련은 생명력을 잃고 종교적 형식으로 전락합니다. 사역자가 먼저 자신의 연약함을 고백하고, 성령님께 순종하는 모습을 삶으로 보여 주어야 합니다. 사역자의 '투명성'이 훈련생의 '마음 문'을 엽니다.

다섯째, 영적 전쟁에 대비하여 기도의 방패를 세우십시오.

성령님이 강력하게 역사하는 제자훈련 현장에는 반드시 악한 영의 방해와 저항이 있습니다. 훈련생들의 가정에 갑작스러운 불화가 생기거나, 건강 문제, 관계의 오해 등이 생겨 훈련을 중도에 포기하게 만드는 영적 공격이 올 수 있습니다. 훈련 시작 전과 후에 사역자 팀(혹은 중보기도팀)이 훈련생 한 사람 한 사람을 위해 영적 보호막을 세우는 중보기도를 쉬지 말아야 합니다.

'성령님이 주도하시는 제자훈련'에서 사역자에게 가장 필요한 역량은 '멈출 때를 아는 것'입니다. 교재의 진도보다 성령님의 임재가 우선이며, 사역자의 유능함보다 성령님의 주권이 우선되어야 합니다. 사역자가 성령님께 핸들을 온전히 맡겨드릴 때, 32주의 여정은 지식의 축적을 넘어 인생의 본질이 바뀌는 기적의 현장이 될 것입니다.

◀ **12장 요약** ▶

제자훈련의 커리큘럼은 단순한 지식 전달을 넘어 훈련의 방향성과 통일성을 유지하기 위해 필요합니다. 성령님은 '성경'이라는 교재를 통해 예수님의 말씀을 생각나게 하시며, 우리 인격을 '그리스도의 장성한 분량'에 이르게 하는 성화(성령의 열매)를 목표로 훈련을 이끄십니다.

성령님 주도적 훈련 커리큘럼의 4대 핵심 요소는 성령님의 정체성 이해, 인격적 관계 형성, 전인격적 변화(주재권 내어드리기), 증인으로서의 순종(재생산)이며, 교재 32주 과정은 성령님에 대한 기초(1단계), 관계 심화(2단계), 내면의 변화(3단계), 사역자로의 파송(4단계)으로 구성된 체계적인 모델을 제시합니다.

사역자가 지켜야 할 5대 운영 지침은 다음과 같습니다. 성령님의 즉각적인 개입을 인정하는 훈련인 만큼, 사역자는 프로그램보다 성령님의 흐름을 우선시할 것, 스승이 아닌 '성령님의 조력자'의 위치를 지킬 것, 은사와 성품의 영적 균형을 잡을 것, 사역자 자신이 먼저 투명성과 영적 본을 보일 것, 중보기도를 통해 영적 전쟁에 대비할 것입니다.

▒ 질문 ▒

1. 성령님이 제자훈련을 통해 우리 인격 속에 이루고자 하시는 궁극적인 '커리큘럼의 목표'는 무엇입니까?

2. 성령님이 주도하시는 제자훈련이 고정된 텍스트(교재)에만 갇히지 않아야 하는 이유는 무엇입니까?

3. 사역자가 훈련을 운영할 때, 성령님의 임재가 강력하여 훈련생들이 깊은 회개나 치유를 경험하고 있다면 어떤 태도를 취해야 합니까?

"너희는 우리로 말미암아 나타난 그리스도의 편지니

이는 먹으로 쓴 것이 아니요 오직 살아 계신 하나님의 영으로 쓴 것이며

또 돌판에 쓴 것이 아니요 오직 육의 마음판에 쓴 것이라"

- 고린도후서 3장 3절 -

제자훈련의 마스터키: 성령충만

'성령충만은 제자훈련의 마스터키다'라는 말은 과장이 아니라, 제자훈련의 시작, 과정, 완성 전체를 여는 핵심 열쇠가 됩니다. 제자훈련이 지식 전달이나 프로그램이 아니라 사람을 그리스도의 제자로 '변화'시키는 일이기 때문에 성령충만은 반드시 필요합니다.

'성령충만'은 그리스도인에게 있어 '선택 사항'이 아니라 필수입니다. 더더욱 제자훈련을 받는 사람에게는 당연히 필수입니다. 제자훈련의 모든 과정이 성령님의 역사가 없이는 제자훈련의 좋은 결과를 가져올 수 없습니다.

'마스터키'는 '여러 개의 서로 다른 자물쇠를 하나의 열쇠로 모두 열 수 있도록 만든 만능열쇠'를 말합니다. 어떤 복잡한 문제나 다양한 상황을 한 번에 해결할 수 있는 결정적인 해결책 또는 핵심 비결을 뜻할 때 '마스터키'를 비유적으로 사용합니다.

'성령충만'을 제자훈련의 '마스터키'라고 부르는 이유는, 제자훈련 과정 중에 마주치는 모든 막힌 문을 여는 강력한 방법이기 때문입니다.

'성령충만'이라는 마스터키는 말씀의 문을 엽니다. 지식으로만 남은 성경 말씀이 다시 불 일듯 일어나 내 삶을 변화시킵니다. 베드로가 오순절 성령충만을 받고 난 후 그에게 묻혀 있던 성경 말씀이 살아 움직이는 생동력 있는 생명의 말씀으로 변합니다. 그래서 성령충만 후의 베드로의 설교를 사도행전 2장에서 보면 놀라운 생동력이 있음을 발견할 수 있습니다.

'성령충만'이라는 마스터키는 기도의 문을 엽니다. 성령님은 기도가 잘 되지 않도록 가로막는 장애물을 제거하고 우리를 하나님과 연결합니다. 성령님은 기도를 하나님의 뜻대로 할 수 있는 동력을 공급하십니다. 우리가 때로 무엇을 기도해야 할지, 어떤 기도를 해야 할지 모르거나, 기도의 힘이 소진될 때가 있습니다. 이때 성령님은 우리 안에서 기도의 불을 활활 지피십니다.

로마서 8장 26-27절, "이와 같이 성령도 우리 연약함을 도우시나니 우리가 마땅히 빌 바를 알지 못하나 오직 성령이 말할 수 없는 탄식으로 우리를 위하여 친히 간구하시느니라 마음을 감찰하시는 이가 성령의 생각을 아시나니 이는 성령이 하나님의 뜻대로 성도를 위하여 간구하심이니라"

성령충만은 기도를 방해하는 내 자아를 잠재우고, 하나님의 마음에 합한 기도를 하게 합니다.

하나님을 '아빠 아버지'라 부르는 하나님과의 친밀한 기도의 문이 자주 막히는 이유 중 하나는 하나님을 두려운 심판주나 멀리 있는 분으로 느끼기 때문입니다. 성령님은 우리에게 양자(養子)의 영을 주어 하나님께 친밀하게 나아가게 하십니다. 성령충만하면 기도가 '의무'가 아닌 '사랑하는 아버지와의 대화'가 됩니다. 기도의 문이 자연스럽게 열리는 것입니다.

갈라디아서 4장 6절, "너희가 아들이므로 하나님이 그 아들의 영을 우리 마음 가운데 보내사 아빠 아버지라 부르게 하셨느니라"

기도를 방해하는 영적인 세력들이 있습니다. 성령충만은 기도의 문을 가로막는 대적들, 어두움의 권세를 무너뜨리는 강력한 권능이 됩니다.

에베소서 6장 18절, "모든 기도와 간구를 하되 항상 성령 안에서 기도하고 이를 위하여 깨어 구하기를 항상 힘쓰며 여러 성도를 위하여 구하라"

'성령충만'이라는 마스터키는 성품의 문을 엽니다. 성령충만은 외적으로 행동만을 수정하는 것이 아니라 내면을 수정하고 바꾸시므로 예수 그리스도의 성품을 우리 안에 형성합니다.

'성령충만'은 내 힘으로 안 되는 '자기 부인(否認)'과 '용서'를 가능하게 하여 인격의 열매를 맺게 합니다. 성품의 변화가 어려운 이유는 나의 옛 죄악된 본성이 여전히 살아 움직이기 때문입니다. 그런데 성령충만은 죄의 권세를 약화시키고 우리가 본받아 이루어 나가야 할 예수 그리스도의 성품을 우리 속에 활성화시킵니다.

성품은 행동이 아니라, 마음의 방향과 욕구에서 나오는 것입니다. 성령충만은 '하고 싶지 않은데 억지로 하는 것'이 아니라, 하나님이 기뻐하시는 것을 하고 싶어 하게 만듭니다.

율법이나 인간의 의지는 외형만을 좋게 하지만, 성령충만은 내면을 성령으로 자유롭게 하여 자발적인 거룩함을 이루게 합니다. 성령충만으로 나타나는 성품의 변화는 억지로 이루어지는 것이 아니라 당연히 자유롭게 나타나는 열매입니다. 성품의 변화는 단시간에 나타나는 것보다 삶의 전반에 걸쳐 일어나는 성화의 과정입니다. 성령충만은 이 과정을 지속 가능하게 합니다.

'성령충만'이라는 마스터키는 사역의 문을 엽니다. 성령의 권능이 임했을 때, 두려움을 물리치고 세상 속에서 담대하게 복음을 전할 문이 열립니다.

사역의 시작, 확장, 열매가 인간의 능력이나 전략으로 이루어지는 것이 아니라 성령의 역사로 열리고 진행됩니다. 사역은 내가 하고 싶다고 하는 것이 아니라, 성령님이 문을 열어 주실 때 하는 것입니다. 성령충만할 때, 사역에 대한 하나님의 부르심을 확실히 알게 되고, 그 부르심에 기꺼이 따르게 됩니다.

사도행전 13장 2-3절, "주를 섬겨 금식할 때에 성령이 이르시되 내가 불러 시키는 일을 위하여 바나바와 사울을 따로 세우라 하시니 이에 금식하며 기도하고 두 사람에게 안수하여 보내니라"

이사야 61장 1절, "주 여호와의 영이 내게 내리셨으니 이는 여호와께서 내게 기름을 부으사 가난한 자에게 아름다운 소식을 전하게 하려 하심이라 나를 보내사 마음이 상한 자를 고치며 포로된 자에게 자유를, 갇힌 자에게 놓임을 선포하며"

성령충만 없이는 참된 파송도 없다는 것이 성경의 증언입니다. 사역의 문은 사람이 만드는 기회가 아니라 하나님이 여시는 영적 기회입니다. 성령충만할 때 닫혀 있던 환경과 사람들의 마음이 열립니다.

골로새서 4장 3절, "또한 우리를 위하여 기도하되 하나님이 전도할 문을 우리에게 열어 주사 그리스도의 비밀을 말하게 하시기를 구하라 내가 이 일 때문에 매임을 당하였노라"

사역의 문은 성령의 주권적 역사로 열리며, 성령충만은 담대함을 주어 사역을 시작하게 합니다. 성령충만은 사람을 일어서게 하고 입을 열게 합니다. 사역은 활동이 아니라 하나님의 능력이 나타나는 통로입니다. 성령충만할 때 말과 행동에 권세가 나타나고, 실제 변화가 일어납니다.

사도행전 2장 4절, "그들이 다 성령의 충만함을 받고 성령이 말하게 하심을 따라 다른 언어들로 말하기를 시작하니라"

사도행전 2장 14절, "베드로가 열한 사도와 함께 서서 소리를 높여 이르되 유대인들과 예루살렘에 사는 모든 사람들아 이 일을 너희로 알게 할 것이니 내 말에 귀를 기울이라"

고린도전서 2장 4-5절, "내 말과 내 전도함이 지혜의 권하는 말로 하지 아니하고 다만 성령의 나타남과 능력으로 하여 너희 믿음이 사람의 지혜에 있지 아니하고 다만 하나님의 능력에 있게 하려 하였노라"

이에 더하여 '성령충만'은 죄의 유혹을 이기게 합니다. 인간의 의지는 생각보다 약합니다. 결심만으로는 마음의 탐욕과 세상의 유혹을 이길 수가 없습니다. 성령충만이 그래서 필요합니다.

> 갈라디아서 5장 16절, "내가 이르노니 너희는 성령을 따라 행하라 그리하면 육체의 욕심을 이루지 아니하리라"

앞서 말씀드린 바와 같이 성령님은 하나님의 깊은 것까지 통달하시기 때문에 성령충만할 때 하나님의 뜻을 분별하게 합니다.

> 고린도전서 2장 10절, "오직 하나님이 성령으로 이것을 우리에게 보이셨으니 성령은 모든 것 곧 하나님의 깊은 것까지도 통달하시느니라"

'성령충만'은 우리의 영적 안테나가 하나님을 향한 방향으로 바로 서게 합니다. 이때 비로소 하나님의 음성을 듣고, 하나님의 뜻을 발견하고 인생의 중요한 결정 앞에서 길을 잃지 않게 됩니다.

'성령충만'은 기록된 성경 말씀이 내 삶의 상황에 맞는 살아 있는 '레마(Rhema)', 즉 지금 내 삶에 직접 말씀하시는 하나님의 음성으로 깨달아지게 합니다.

'성령충만'은 예수님을 닮게 합니다. 이것이 제자훈련의 목표인데, 이것은 노력해서 배우는 '기술'이 아니라 안에서부터 배어 나오는 '성품'입니다. 오직 성령충만할 때 가능해집니다. 뿌리가 영양분을 충분히 흡수해야 열매를 맺듯, 우리가 성령으로 충만할 때 비로소 사랑, 희

락, 화평, 오래 참음, 자비, 양선, 충성, 온유, 절제의 '성령의 열매'가 맺
힙니다.

인간의 본성인 '자기중심성'과 '자기사랑'을 깨뜨리고, 타인을 진심으
로 사랑하고 용서하는 마음은 성령이 내 마음을 온전히 지배하실 때
즉 성령충만할 때 나타납니다.

복음의 증인으로 사는 것은 때로 거절을 당하고 고난을 받게 됩니
다. 실제로 제자들은 약 3년 동안이나 훈련받았지만 두려워 숨었습니
다. 그러나 오순절 성령충만을 받은 후, 죽음 앞에서도 복음을 전하는
담대한 전도자로 변했습니다. 이렇듯 하나님이 주신 은사가 나 개인의
만족이 아니라 공동체의 유익을 위하여, 공동체를 세우고 영혼을 살리
는 일에 폭발적으로 쓰임 받기 위해서는 성령충만이 꼭 필요합니다.
베드로와 스데반과 바울처럼 말입니다.

성령충만을 오해하는 분들도 있는데 성령충만은 감정적인 홍분이
아닙니다. 뜨거운 눈물이나 소름 돋는 느낌이 성령충만의 본질은 아닙
니다. 성령충만은 한 번의 사건으로 끝나는 것이 아니라, 매일매일 그
분의 다스림 아래 거하는 상태를 말합니다.

에베소서 5장 18절, "술 취하지 말라 이는 방탕한 것이니 오직 성령으
로 충만함을 받으라"

"성령으로 충만함을 받으라"는 시제는 지속성을 나타내는 현재 시제입니다. 헬라어 현재 시제는 '반복'과 '지속'을 의미합니다. 한 번의 일회적 사건으로 끝나는 것이 아니라, 매일의 삶 속에서 계속해서 충만함을 유지해야 한다(Keep on being filled)는 뜻입니다. 마치 우리가 매일 밥을 먹고 숨을 쉬어야 살 수 있듯이, 성령충만 역시 그리스도인이 지속적으로 추구해야 할 상태입니다.

"성령으로 충만함을 받으라" 이것은 권유나 제안이 아니라 '명령'입니다. 성령충만은 특별한 사람만 받는 은사나 선택 사항이 아니라, 모든 그리스도인이 반드시 순종해야 할 명령입니다. 따라서 성령충만하지 못한 상태로 사는 것은 영적인 의무를 져버리는 것과 같습니다.

우리에게 제자훈련을 통해서 이런 변화들이 일어나야 하는데, 우리의 힘으로, 우리의 지식으로 일어나는 것이 아닙니다. 오직 성령충만으로 일어나게 됩니다. 그래서 제자훈련은 성령님이 주도하셔야 하는 것입니다.

◀ 13장 요약 ▶

성령충만은 제자훈련의 시작부터 완성까지 모든 과정을 여는 '마스터키'입니다. 지식 전달을 넘어 실제적인 삶의 변화를 일으키는 필수 요소입니다.

성령충만은 문자로만 남은 말씀을 살아 있는 '레마'로 변화시키며(생동력), 기도의 장애물을 제거하고 하나님과 우리를 '아빠 아버지'의 친밀한 관계로 연결합니다.

성령충만은 인간의 의지로 안 되는 자기 부인(否認)과 성품의 변화를 가능하게 하며, 두려움을 이기고 세상 속에서 담대하게 복음을 전할 '권능'을 공급합니다.

성령충만은 일시적인 감정적 흥분이 아니라, 매일매일 하나님의 다스림을 받는 '현재 진행형'의 상태를 의미합니다. 그러므로 '성령님이 주도하시는 제자훈련'에서 성령충만은 필수입니다.

▦ 질문 ▦

1. 성령충만이 내 삶에서 '현재 진행형'으로 나타나는 부분은 어디입니까?

2. 말씀과 기도가 단순한 지식이 아니라 살아 있는 힘이 되려면 나는 무엇을 해야 합니까?

3. 인간의 힘으로는 어려운 성품 변화와 담대한 사역을 위해 나는 성령의 권능을 어떻게 구하고 있습니까?

마음을 터치하고
변화를 가져오는 질문을 해 보세요

제자훈련에서 훈련자가 훈련생에게 하는 질문은 아주 중요합니다. 제자훈련에서 던지는 질문은 단순히 정보를 확인하는 절차가 아닙니다. 보통 교재에 나와 있는 질문을 훈련생에게 그대로 던지는 것은 그 내용에 대한 정답을 확인하기 위함입니다. 물론 그러한 질문도 제자훈련에서는 필요합니다. 그러나 그러한 질문만을 던지는 것으로 끝난다면 제자훈련의 변화라는 목적을 달성할 수가 없습니다.

성령님이 주도하시는 제자훈련에서는 성령님이 의도하시는 질문을 던져야 성령님이 그 질문을 통해 사람의 내면에서 실제적으로 일하실 수가 있습니다.

1. 질문을 던지기 전에 제자훈련생 한 사람 한 사람의 외적인 상태와 내면의 상태를 어느 정도 파악하고 있어야 합니다.

요즘 병원에서는 환자 한 사람 한 사람을 잘 치료하기 위해서 그 사람의 상태가 어떤지를 면밀히 검사하고 파악한 뒤에 그 사람에 맞는 효과적인 치료를 시작합니다. 이것을 '맞춤 치료'라고 합니다.

환자 개인의 유전 정보, 생활 습관, 질병 특성 등을 종합적으로 분석하여 최적의 약물 선택, 용량 조절, 치료법을 적용해 치료 효과를 극대화하고 부작용을 최소화하는 정밀 의료의 한 형태로, 암, 만성 질환 등 다양한 분야에서 개발되고 있는 현대 의료의 핵심 전략입니다.

제자훈련도 마찬가지입니다. 7~8명의 훈련생이 함께 모여서 제자훈련을 하지만, 훈련자는 한 사람 한 사람을 훈련시킨다는 마음으로 훈련을 진행해야 합니다. 왜냐하면 각 사람의 신앙 경력, 성경 지식의 정도, 성격의 차이, 은혜를 체험한 정도, 가정의 환경, 제자훈련을 받게 된 동기 등이 다 다르기 때문에 질문도 일률적으로 하는 것보다는 각 사람에 대한 '맞춤 질문'을 하는 것이 필요합니다. 이럴 때 그 질문을 통하여 성령님이 그 사람의 마음을 터치하시고, 치유하시고, 변화시키시기도 합니다.

제자훈련을 받고 있는 훈련생들은 모두 같은 문제를 겪지는 않습니다. 같은 질문을 받아도 반응하는 지점이 다릅니다. 훈련생 한 사람 한 사람의 영적 성장이 이루어지기 위해서는 질문에 대해서 '정답을 말하는 것'이 중요한 것이 아니라, 자기의 삶의 정확한 지점에서 하나님을 만나도록 해 주는 질문이 필요한 것입니다.

성경을 보면 예수님도 맞춤 질문을 하셨음을 알 수 있습니다. 예수님의 맞춤 질문은 단순히 정보를 묻는 질문이 아니라, 각 개인의 현재 신앙 상태, 지식 수준, 마음의 상처, 감정, 동기, 필요를 정확히 겨냥해서 그 사람의 심령을 깨우고 회개와 순종으로 이끄는 질문이었습니다. 상대에 따라 완벽한 '맞춤 질문'을 던지신 최고의 스승이셨습니다.

우선 니고데모에게 던진 질문은 '지성인을 향한 통찰 질문'이었습니다. 바리새인이자 유대인의 지도자였던 니고데모는 지식은 많았으나 영적으로 거듭남의 원리를 알지 못했습니다. 니고데모가 밤에 찾아와 예수님을 "하나님께로부터 오신 선생"이라고 높이며 대화를 시작합니다. 예수님은 니고데모에게 이렇게 질문합니다. "너는 이스라엘의 선생으로서 이러한 것들을 알지 못하느냐?"(요한복음 3장 10절) 이러한 예수님의 질문은 상대방이 가진 '지식의 한계'를 직면하게 하여, 인간의 지성이 아닌 성령의 역사가 필요함을 깨닫게 하셨습니다.

예수님은 수가성 우물가에서 사마리아 여인에게 "물을 좀 달라"는 요청을 합니다. 이 요청은 "물을 좀 줄 수 있겠니?'하는 질문과 같습니다. 요청을 통한 질문을 하신 것입니다.

요한복음 4장 7절, "사마리아 여자 한 사람이 물을 길으러 왔으매 예수께서 물을 좀 달라 하시니"

이 질문은 단순한 갈증 해소를 넘어 '신뢰 관계 형성(rapport)'의 시작이었습니다. 당시 유대인은 사마리아인과 상종하지 않았고, 남성이 공공장소에서 여성에게 말을 거는 것도 드문 일이었습니다. 예수님은 자신을 '도움을 필요로 하는 사람'으로 낮추시고 먼저 다가가심으로써, 여인이 가진 사회적·민족적 경계심을 무너뜨리셨습니다. 그리고 예수님은 눈에 보이는 '우물물'을 매개로 대화를 시작하여, 결코 목마르지 않는 '생수(성령)'에 대한 갈망을 이끌어 내고자 하셨습니다.

또 예수님은 "가서 네 남편을 불러오라"고 요청을 통한 질문을 하셨습니다. 여인이 생수를 원한다고 하자, 예수님은 갑자기 그녀의 가장 아픈 구석인 '남편' 문제를 꺼내십니다.

영생의 물(성령)을 마시기 위해서는 먼저 자신의 죄와 직면해야 합니다. 예수님은 여인이 숨기고 싶어 했던 과거와 현재의 삶을 드러내심으로써, 그녀가 하나님 앞에 단독자로 서게 만드셨습니다.

여인은 자신의 과거를 꿰뚫어 보시는 예수님을 보며 "주여 내가 보니 선지자로소이다"라고 고백합니다. 이 질문은 결국 예수님이 인간의 마음 중심을 아시는 분이며, 그녀가 기다려온 메시아임을 깨닫게 하려는 의도가 있었습니다.

사마리아 여인에게 던진 질문들의 최종적인 지향점은 '예배의 회복'이었습니다. 사마리아 사람들은 그리심 산에서, 유대인들은 예루살렘에서 예배해야 한다고 믿었습니다. 하지만 예수님은 질문을 통해 '어디서' 예배하느냐가 아니라 '어떻게(성령과 진리로)' 예배하느냐가 본 질임을 가르쳐 주셨습니다. 질문을 통해 자신의 수치를 직면하고 치유받은 여인은 물동이를 버려두고 동네로 달려가 예수님을 증언하는 전도자가 됩니다.

"내가 무슨 선한 일을 하여야 영생을 얻으리이까?"라고 묻는 부자 청년에게 예수님은 "어찌하여 선한 일을 내게 묻느냐?"고 질문을 던지십니다. 예수님께서 부자 청년에게 던지신 이 질문은 단순히 답을 구하기 위함이 아니라, 청년의 마음 깊은 곳에 숨겨진 신앙의 본질적 문제를 드러내기 위한 의도가 담겨 있습니다.

청년은 '영생을 얻기 위해 내가 무엇을 해야 하는가'라는 '행위'에 집중하고 있었습니다. 예수님은 "선한 이는 오직 한 분(하나님)뿐"임을 선포하심으로써, 구원이 인간의 도덕적 성취가 아니라 하나님과의 관계에서 시작됨을 일깨우셨습니다.

부자 청년이 십계명을 나열하면서 이 모든 것을 다 지켰다고 자신 있게 대답했을 때, 예수님은 그의 삶을 칭찬하기보다 그가 미처 깨닫지 못한 '마음의 우상'을 들추어낼 준비를 하신 것입니다. 즉, 겉으로 드러나는 행위의 준수보다 '마음의 중심'이 어디에 있는지를 보게 하려는 의도였습니다.

예수님이 던진 질문과 대화의 최종 목적은 청년의 삶에서 '하나님보다 더 사랑하는 것'이 무엇인지 직면하게 하는 데 있었습니다. 재물을 팔아 가난한 자들에게 주라는 것은 재산 자체가 죄라는 뜻이 아니라, 청년의 마음을 사로잡고 있던 '돈'이라는 우상을 제거하고 오직 예수님만을 따르는 참된 제자가 되라는 강력한 도전이었습니다. 예수님은 이 질문을 통해 청년의 시선을 바꾸길 원하셨습니다. 내가 '무엇을 했는지' 보다 '누구를 바라보는지'가 더 중요하며, 손에 쥐고 있는 '내 것'을 놓아야 비로소 예수님을 따라가는 제자의 길이 시작된다는 사실을 일깨워 주신 것입니다.

예수님이 베드로에게 던진 질문은 '회복과 사명을 위한 사랑의 질문'입니다. 예수님을 세 번 부인하고 좌절하여 다시 고기 잡으러 간 베드로에게 예수님은 실패의 책임을 묻지 않으시고 예수님과의 관계의 핵심을 물으셨습니다. 디베랴 바닷가에서 조반을 먹으신 후 베드로에게 물으십니다. "요한의 아들 시몬아 네가 이 사람들보다 나를 더 사랑하느냐?"(요한복음 21:15) 똑같은 질문을 세 번 반복하심으로써 베드로가 예수님을 세 번 부인한 것을 덮으시고, '주님을 사랑하는 마음'을 다시 회복시켜 사명을 맡기시는 '회복 질문'의 정수(精髓)입니다.

이러한 예수님의 맞춤 질문을 정리해 보면,
니고데모(교만한 지성인) → 지식의 한계를 묻는 직면 질문
사마리아 여인(상처 입은 죄인) → 숨겨진 아픔을 꺼내는 본질 질문
부자 청년(자기 의에 빠진 자) → 우선순위를 묻는 가치 질문
베드로(실패한 제자) → 관계를 회복시키는 사랑 질문

예수님의 질문은 상대방을 곤란하게 하려는 것이 아니라 그를 진리와 생명의 길로 인도하려는 사랑에서 시작됨을 알 수 있습니다.

2. 각 훈련생에게 던질 질문들을 기도하면서 준비를 해야 합니다.

훈련자가 제자훈련생에게 던질 질문을 기도하며 준비해야 하는 이유는 제자훈련이 지식 전달을 넘어선 '영적 수술'이자 '성령의 사역'이기 때문입니다.

의사가 수술 전 환자의 상태를 정밀하게 검사하듯, 훈련자는 성령님의 조명 아래 훈련생의 상태를 파악해야 합니다. 사람의 눈으로는 훈련생이 정답을 말하는지, 실제로 믿고 있는지 알 수 없습니다. 기도할 때 성령님은 훈련생의 숨겨진 아픔, 고집, 혹은 영적 갈급함을 훈련자의 마음속에 떠오르게 하십니다. 기도는 각 사람의 유전 정보와 생활 습관을 분석하는 '맞춤 치료'의 과정과 같습니다.

훈련생이 7명이라고 하면, 교재에 나와 있는 질문들을 그대로 7명에게 동일하게 던지는 것은 제자훈련에서 별로 큰 효과를 가져올 수 없습니다. 한 문제에 대해서도 각 사람에게 어떤 질문을 던져야 할 것인가? 이 부분에 대해서 기도로 성령님의 인도하심을 구하면, 성령님은 성경 말씀을 중심으로 한, 분별과 통찰을 주실 수 있습니다.

인간적인 지혜로 만든 날카로운 질문은 훈련생을 방어적으로 만들거나 상처를 줄 수 있습니다. 기도하며 준비한 질문에는 훈련생의 영혼을 사랑하는 마음이 담깁니다. 이때 질문은 훈련생을 몰아세우는 '취조'가 아니라, 닫힌 마음을 여는 '사랑의 터치'가 됩니다. 기도로 준비된 질문은 성령님이 훈련생의 내면에서 일하시도록 돕는 강력한 마중물이 됩니다.

기도하면서 준비한 질문은 훈련 과정 중에 성령의 은사가 흐르게 하는 통로가 됩니다. 훈련생의 포장된 모습 뒤에 있는 정직한 실체를 보게 하는 질문이 됩니다.

기도는 훈련자가 "내가 답을 알고 있다"는 태도를 버리게 만듭니다. 기도하는 훈련자는 자신이 가르치는 선생이 아니라, 성령님이 일하시도록 돕는 '조력자'임을 깨닫습니다. 기도하며 준비한 사람은 훈련생이 즉각 답하지 못하더라도 재촉하지 않고, 성령님이 일하실 때까지 기다려 줄 수 있는 영적 여유를 갖게 됩니다.

질문을 기도하며 준비하는 것은 훈련자가 성령님의 손에 들린 '예리한 메스'가 되는 과정입니다. 이때 훈련자가 던지는 질문은 사람의 지혜에서 나온 것이 아니라, 성령님이 훈련생의 영혼을 수술하시기 위해 훈련자의 입술을 빌려 사용하시는 도구입니다.

3. 훈련생 각자에 대한 심화 질문들을 준비해야 합니다.

제자훈련생들 중에서 성경의 말씀을 잘 아는 사람도 있고, 신앙 경력이 오래된 분들은 신앙생활에 대한 상식들을 너무나 잘 알고 있습니다. 이런 분들에게 제자훈련 교재에 대한 질문을 던지면 어떤 때에는 훈련자들이 깜짝 놀랄 정도의 정답을 잘 말합니다.

훈련자는 여기서 속아 넘어가서는 안 됩니다. '저 사람은 더 이상 질문을 안 해도 되겠다, 제자훈련을 안 받아도 될 정도네' 하고 그냥 지나가 버리면 그 사람에게는 제자훈련의 효과가 아주 미약하게 됩니다.

그런 훈련생들에게는 훈련자가 계속 파고 들어가는 질문을 해야 합니다. 이것이 심화 질문입니다. 정답을 말하는 것 같으면 그냥 지나가지 말고, '당신은 왜 그렇게 생각합니까?' '무엇이 당신을 그렇게 죄짓게 만듭니까?' '당신은 그 문제를 어떻게 해결하고 있습니까?'

그 사람에게 그 문제를 통해서 그 사람을 변화시킬 수 있는 답변을 끌어내야 하는데, 그 역할을 하는 것이 심화 질문입니다.

심화 질문에도 여러 가지 종류가 있습니다. 적절한 것을 골라 대상에 맞게, 때에 맞게 사용하면 놀라운 효과를 얻을 것입니다.

명료화 질문

이 질문은 단순히 정보를 얻기 위한 질문이 아니라 훈련생의 의도와 생각의 본질을 드러내도록 돕습니다. 훈련생이 사용한 단어나 개념의 의미를 정확히 파악하게 하고, 본인이 말하면서도 스스로의 생각을 정리하도록 돕습니다. 상대방이 추상적인 단어를 사용할 때, 그 사람만의 '언어'로 다시 설명하게 합니다.

"방금 '은혜를 체험했다'고 하셨는데, 형제님에게 그 은혜는 구체적으로 어떤 내용이었나요?"

"하나님과의 '관계가 멀어졌다'는 것은 삶의 어떤 부분에서 가장 크게 느껴지시나요?"

모호하거나 일반적인 답변을 구체적인 상황이나 사건으로 끄집어냅니다.

"이번 주에 '말씀대로 살려고 노력했다'고 하셨는데, 어떤 상황에서 그 말씀이 가장 먼저 떠오르셨나요?"

"어려움이 있었다고 하셨는데, 그중에서 가장 마음을 무겁게 했던 한 가지 사건은 무엇이었나요?"

말 뒤에 숨겨진 동기나 감정을 확인하여 공감의 토대를 만듭니다.

"그 말씀을 하실 때 표정이 조금 어두워 보이셨는데, 혹시 마음 한편에 부담감이 있으신 건가요?"

"방금 하신 말씀은 '지금의 상황을 변화시키고 싶다'는 의지로 이해해도 될까요?"

명료화를 위한 질문을 할 때 비난을 하는 식으로 해서는 안 됩니다. "왜 그렇게 생각하셨어요?"보다는 "어떤 과정을 통해 그런 결론에 도달하셨는지 궁금해요"라고 묻는 것이 훨씬 부드럽습니다. "말씀하신 내용을 제가 정리해 보자면 ~ 이런 내용이라는 뜻인가요?"라고 먼저 요약한 뒤 질문하면 대화의 신뢰도가 올라갑니다. 명료화 질문은 상대방의 마음이라는 방에 불을 켜 주는 것과 같습니다.

심층 질문

제자훈련에서 '심층 질문'은 단순한 지식 확인을 넘어, 상대방의 가치관, 신념, 그리고 삶의 뿌리를 건드리는 질문입니다. 명료화 질문이 '말의 의미'를 확인한다면, 심층 질문은 그 말 뒤에 숨겨진 '이유'와 '마음의 동기'를 파악하여 진정한 변화를 이끌어 내는 데 목적이 있습니다.

이 질문은 훈련생이 스스로 자신의 내면을 성찰하게 만드는 '거울' 같은 질문입니다. 겉으로 드러난 행동(열매)보다는 그 행동을 유발하는 마음의 뿌리(동기)를 탐색합니다. '예/아니오'로 답할 수 없는 개방형 질문이며, 답변하는 데 시간이 걸릴 정도로 생각의 깊이를 요구합니다. 성령님이 훈련생의 양심과 지성에 역사하시도록 틈을 제공하며, 스스로 해답을 발견하게 함으로써 삶의 실제적인 변화를 결단하게 합니다.

이 질문에서는 무엇이 그 사람의 삶을 움직이는 동력인지 확인합니다.
"만약 하나님께서 지금 가장 소중하게 생각하는 '그것'을 내려놓으라고 하신다면, 가장 망설여지는 이유는 무엇인가요?"
"바쁜 일상 속에서도 포기하지 못하는 우선순위 3가지는 무엇이며, 그것은 당신의 신앙과 어떻게 연결되어 있습니까?"

이 질문은 겉으로 드러나는 감정만 보는 것이 아니라, 그 감정 뒤에 있는 영적 상태를 살펴봅니다. 반복되는 감정이나 반응을 통해 영적으로 결핍된 것이나 잘못 의지하고 있는 우상을 알아낼 수 있습니다.

"지금 그 불안함은 하나님이 이 상황을 통제하지 못하고 계신다는 느낌에서 오나요, 아니면 하나님이 나를 돕지 않으실 것 같다는 의심에서 오나요?"

"지금 그 분노의 밑바닥에는 '내 뜻대로 상황이 돌아가야 한다'는 내 중심적인 욕구가 자리 잡고 있지는 않나요?"

"상대방을 용서하기 힘든 건, 하나님께 받은 큰 용서보다 내가 받은 상처를 훨씬 더 크게 생각하는 '내 중심적인 마음' 때문은 아닐까요?"

이 질문은 성경적 적용의 심화를 돕는 질문입니다. 단순히 "말씀대로 살겠다"는 결심을 구체적인 영적 전쟁의 영역으로 가져옵니다.

"오늘 배운 말씀이 당신의 삶에서 실제가 되지 못하게 가로막는 가장 큰 '내면의 저항'은 무엇인가요?"

"만약 당신이 오늘 말씀에 100% 순종한다면, 내일 아침 당신의 가정(혹은 직장) 모습은 구체적으로 어떻게 달라질까요?"

이 질문은 정체성과 소명을 묻는 질문입니다. 그리스도인으로서의 정체성을 삶의 현장에 투영하게 합니다.

"사람들이 당신을 '그리스도인'으로 알게 되었을 때, 당신이 가장 보여 주기 두려워하는 모습은 무엇입니까?"

"당신에게 허락된 고난의 시간들이 다른 사람들을 섬기는 통로가 된다면, 하나님은 그 고통을 어떻게 사용하시길 원하실까요?"

이 질문을 던질 때 훈련자와 훈련생과의 신뢰 관계가 가장 중요합니다. 마음의 빗장을 여는 질문이므로, 충분한 라포(Rapport: 두 사람 사이에 형성된 친밀함과 상호 신뢰 관계)가 형성되지 않은 상태에서 던지면 취조받는 것처럼 느껴질 수 있습니다. 침묵을 견뎌야 합니다.

좋은 심층 질문은 상대방을 생각에 잠기게 합니다. 질문 후 5~10초의 침묵은 성령님이 일하시는 시간입니다. 서둘러 답을 알려 주지 마세요. 공감적 경청이 병행되어야 합니다. "그렇군요, 그런 마음이 드셨군요"라는 공감이 선행되어야 상대방이 더 깊은 내면을 꺼내 놓습니다. 명료화 질문이 대화의 통로를 넓히는 작업이라면, 심층 질문은 그 통로를 통해 영적인 수술실로 들어가는 과정입니다.

추가 질문

'추가 질문'은 대화의 흐름을 끊지 않으면서, 이미 나온 답변을 더 확장하고 풍성하게 만드는 '확장기' 역할을 합니다. 명료화 질문이 '정확성'을 기하고, 심층 질문이 '수직적 깊이'를 판다면, 추가 질문은 '수평적 넓이'와 '연결'을 담당합니다.

추가 질문은 훈련생이 첫 번째 답변을 마친 후, 그 주제에 대해 미처 생각하지 못한 측면이나 관련된 다른 경험을 끄집어내기 위해 던지는 질문입니다. 한 사람의 답변으로 끝나는 것이 아니라, 그 내용을 더 풍성하게 보충하거나 다른 훈련생들의 참여를 유도합니다. 대화가 단답형으로 끝나는 것을 막고, 신앙적 성찰의 영역을 삶의 전반으로 넓혀 줍니다.

방금 한 답변에 대해 덧붙일 내용이나 또 다른 사례가 있는지 묻습니다.

"그 말씀에 순종했을 때 기쁨이 있었다고 하셨는데, 그 외에 또 다른 변화가 있었나요?"

"방금 말씀하신 성품의 변화가 가정 외에 직장이나 공동체 속에서도 나타난 적이 있습니까?"

"그 구절을 묵상하며 깨달은 점이 참 귀하네요. 그 깨달음이 이번 주 다른 사건과 연결된 부분은 없었나요?"

추가 질문은 본인의 입장을 넘어 타인이나 하나님의 관점에서 생각해 보게 합니다.

"본인은 그렇게 느끼셨군요. 그렇다면 그 상황을 지켜본 배우자(혹은 자녀)의 눈에는 당신의 모습이 어떻게 보였을까요?"

"만약 하나님께서 그 상황에 계셨다면, 방금 하신 고백에 대해 어떤 마음으로 바라보셨을까요?"

"그 결정이 본인에게는 유익이었는데, 공동체 전체의 관점에서 본다면 어떤 의미가 있을까요?"

한 사람의 고백을 소그룹 전체에 영향을 미치게 합니다.

"방금 A 형제님이 고백하신 '인내'에 대한 부분에 대해, 나머지 분들도 비슷한 경험을 하신 적이 있나요?"

"A 자매님의 기도 제목을 들으니 어떤 마음이 드시나요? 함께 덧붙여 기도하고 싶은 내용이 있다면 무엇일까요?"

상대방의 말을 자르지 말고, "그리고 또 생각나는 것이 있으신가요?"라는 식으로 문을 열어 두어야 합니다. 훈련생의 답변 속에 포함된 특정 단어나 개념을 포착해 "아까 ~라고 말씀하셨는데, 그 부분에 대해 조금 더 말씀해 주시겠어요?"라고 잇는 것이 자연스럽습니다.

추가 질문은 대화가 충분히 무르익었을 때 던져야 합니다. 추가 질문은 훈련생이 스스로 "아, 내가 이 부분은 생각지 못했네!"라고 깨닫게 만드는 힘이 있습니다.

발전 질문

제자훈련에서의 '발전 질문'은 현재의 깨달음과 나눔을 미래의 구체적인 행동과 성숙의 단계로 전진시키기 위한 질문입니다. 앞서 다룬 질문들이 '이해(명료화)', '동기(심층)', '확장(추가)'에 집중했다면, 발전 질문은 '변화와 결단'이라는 제자훈련의 최종 목적지를 향합니다.

발전 질문은 "이제 어떻게 할 것인가?"를 묻는 실행 중심의 질문입니다. 현재 머물러 있는 상태에서 다음 단계로 나아가도록 독려하며, 막연한 결심을 실제적인 삶의 계획으로 바꾸어 놓는 역할을 합니다. 영적으로 멈춰 있는 상태가 되지 않도록 하고, 성령님이 깨닫게 해 주시는 것을 실제 삶에서 좋은 열매로 나타나게 합니다. 이 질문은 훈련생이 수동적인 '듣는 자'에서 능동적인 '행하는 자'로 변화되도록 다리를 놓아줍니다.

발전 질문은 구체적 실행을 이끌어 내는 질문인데, 막연한 '열심히 하겠다'는 다짐을 시간, 장소, 대상이 포함된 계획을 이끌어 냅니다.

"오늘 나눈 이 결단을 이번 주 삶에서 실천하기 위해, 가장 먼저 조정해야 할 스케줄이나 습관은 무엇인가요?"

"말씀에 순종하기 위해 내일 아침 가장 먼저 만나는 사람에게 건넬 첫 마디를 미리 정해본다면 무엇일까요?"

"이 죄의 유혹을 끊어내기 위해 당장 오늘 스마트폰이나 환경에서 제거해야 할 것은 무엇입니까?"

발전 질문은 장애물을 예견하고 극복하는 질문으로 순종을 방해하는 현실적인 제약들을 미리 생각하게 하여 실패를 줄입니다.

"이 결단을 실천하려고 할 때, 당신을 가장 주저하게 만들 예상되는 어려움은 무엇인가요?"

"만약 상황이 여의치 않아 계획대로 되지 않는다면, 그때는 어떻게 하나님을 의지하며 다시 시작하시겠습니까?"

"주변의 시선이나 기존의 인간관계가 걸림돌이 된다면, 어떤 우선순위를 가지고 대응하시겠습니까?"

발전 질문은 영적으로 성장하고 싶은 마음과 목표를 떠올리게 합니다. 지금 하는 작은 실천이 미래에 큰 영적 성장으로 이어진다는 것을 보여주어, 스스로 힘을 내도록 도와줍니다.

"이 작은 순종이 1년 동안 반복된다면, 내년 이맘때 당신의 영적 모습은 어떻게 변해 있을까요?"

"당신이 이 영역에서 변화될 때, 당신의 가정과 공동체가 누리게 될 가장 큰 유익은 무엇이라고 생각합니까?"

"이 고난의 과정을 통과한 후, 하나님께서 당신을 어떤 영역의 위로자로 사용하시길 기대하시나요?"

발전 질문을 할 때 훈련자는 너무 거창한 목표보다는 '오늘 당장 할 수 있는 작은 일'부터 시작하게 유도하는 것이 좋습니다. 이 질문을 통해서 훈련생이 책임 의식을 갖게 합니다. 다음 모임에서 어떻게 되었는지 확인할 것임을 부드럽게 암시하여 영적 긴장감을 유도하세요. 질문의 끝에는 항상 우리의 의지가 아닌 하나님의 은혜를 구하는 기도로 연결하는 것이 중요합니다.

본질을 꿰뚫는 질문

제자훈련에서 이 질문은 훈련생이 무심코 내뱉은 답변이나 고정관념 아래에 숨겨진 진실을 캐내기 위해 깊게 파고드는 질문입니다. '심층 질문'이 내면의 뿌리를 살피는 것이라면, '본질을 꿰뚫는 질문'은 마치 수술용 메스처럼 모순을 지적하거나 핵심 쟁점을 정확히 끄집어내는 날카로움이 특징입니다.

상대방이 피상적으로 대답하거나, 본질을 회피할 때, 혹은 스스로도 무엇이 문제인지 모를 때 생각의 핵심을 파고 드는 질문입니다. "기도해 볼게요", "은혜롭네요"와 같은 표면적인 종교적 언어 뒤에 숨은 진짜 의심, 두려움, 혹은 불신앙의 실체를 직면하게 합니다. 적당히 타협하고 넘어가는 지점에서 멈추게 하여, 하나님 앞에서 단독자로 서게 만듭니다.

이 질문은 말과 행동, 신앙 고백과 실제 삶 사이의 차이를 스스로 깨닫게 합니다.

"방금 하나님이 모든 것의 주인이라고 고백하셨는데, 왜 재정 문제만큼은 당신이 모든 통제권을 쥐고 불안해하고 있을까요?"

"하나님이 사랑이시라는 것을 믿는다고 하셨지요. 그렇다면 그 형제를 용서하지 못하는 당신의 논리를 왜 정당화하려고 하나요?"

이 질문은 현상 뒤에 있는 근본 동기를 끝까지 추적합니다.

"사람들에게 인정받고 싶어 하는 마음이 크다고 하셨는데, 만약 아무도 당신의 헌신을 몰라준다면 그 사역을 계속할 이유가 있나요?"

"성경 읽기가 힘들다고 하셨는데, 정말 시간이 없는 것인가요 아니면 하나님의 말씀이 당신의 삶을 간섭하는 것이 두려운 것인가요?"

이 질문은 최악의 상황을 가정해, 우리가 진짜 소중히 여기는 것이 무엇인지 드러나게 합니다.

"지금 간절히 기도하는 그 제목이 만약 하나님의 뜻이 아니어서 거절당해도, 당신은 여전히 하나님을 신뢰하며 찬양할 수 있겠습니까?"

"그 직업에서의 성공이 하나님 나라와 아무 상관이 없다고 해도, 당신은 여전히 그 길을 성공이라 부르겠습니까?"

이 질문을 하는 훈련자가 조심해야 할 것은 이 질문은 날카롭기 때문에 자칫하면 상처를 주거나 훈련생으로 하여금 방어적인 반응을 일으킬 수 있습니다. "당신을 비난하려는 것이 아니라, 우리가 함께 진리에 도달하기 원합니다"라는 사랑의 마음이 전달되어야 합니다. 질문의 내용은 날카롭더라도, 목소리와 표정은 따뜻하고 온유해야 합니다. 훈련생이 직면할 준비가 되었을 때 던져야 합니다. 너무 이른 '꿰뚫는 질문'은 대화의 문을 닫게 만듭니다.

제자훈련에서 요한복음 3장 16절을 다룬 적이 있습니다. "요한복음 3장 16절을 읽고 그 내용을 간단하게 말하세요?"라는 질문입니다. 물론 요한복음 3장 16절의 내용을 훈련생들이 잘 이해하고 있는지를 파악하기 위한 질문이지요. 대부분의 훈련생들은 이 말씀을 줄 줄 외우고 있을 정도로 잘 압니다.

제자훈련을 할 때 한 분에게 이 문제를 읽고 답하라고 했습니다. 그분은 읽고 답과 그 답에 대한 설명까지 너무나 잘 했습니다. 그런데 훈련자가 아셔야 할 것은 여기서 끝나면 안 된다는 것입니다. 그 사람에게 심화 질문이 들어가야 합니다.

"'하나님이 세상을 이처럼 사랑하사'라고 하셨는데 '이처럼'은 무엇을 말하나요?"

"이 세상 속에는 당신은 포함되지 않나요?"

"하나님이 당신을 이처럼 사랑하셨다는 사실을 당신은 늘 깨닫고 감사하고 있나요?"

"이렇게 당신을 사랑하는 하나님께 당신은 무엇으로 보답하고 있습니까?"

요한복음 3장 16절 앞부분인 '하나님이 세상을 이처럼 사랑하사' 이 부분을 가지고도 많은 심화 질문들을 할 수 있습니다.

이런 심화 질문들을 던지다 보면, 자기는 다 알고 있다고 자부하던 훈련생들의 자세가 점점 겸허해집니다. 제자훈련을 하는 자세가 달라집니다. 드디어 자기의 교만에 대해서 회개가 터져 나옵니다. 변화가 나타납니다.

이렇게 성령님이 주도하시는 제자훈련에서 질문이 중요한 것입니다.

4. 제자훈련생의 상황에 따른 다양한 질문들을 사용하세요.

그 질문에 대해서 깊이 있게 답변하기 어려운 훈련생들에게는 그들이 반드시 대답할 수 있는 질문으로 바꾸어서 하는 것이 중요합니다.

제자훈련할 때, 어떤 분이 한 번, 두 번, 세 번, 계속해서 질문에 대한 답변을 못 하게 될 때, 여러 훈련생들 앞에서 창피하게 느끼고, 더 나아가서는 상처를 받고 제자훈련을 중도에서 포기하는 경우들이 있습니다. 그런 분들에게는 질문을 변형해서 '예'나 '아니오'의 대답이 나오도록 질문하는 것이 좋습니다.

한 번은 배구경기를 시청하다가, 제자훈련을 할 때의 질문법에 대한 새로운 깨달음을 받은 적이 있었습니다. 배구 시합을 할 때 상대편에서 스파이크를 때렸는데 이쪽 편 수비가 받아 내지를 못할 때 감독은 그 선수를 교체하는 경우들이 많았습니다. 그런데 어떤 감독은 실수한 그 수비 선수에게 세 번씩이나 기회를 주는 거예요. 한 번 실수한다고 선수를 교체한다면 그 선수는 자신감을 잃어버리고 다음 시합에서 상대편의 그 선수가 스파이크를 때리게 될 때 또 실수하는 경우가 많습니다. 일종의 '트라우마(trauma)'라고 할 수 있습니다.

그런데 한 번 실수를 해도, 두 번을 해도, 세 번을 해도 그 선수를 교체하지 않는 감독도 있습니다. 마침내 네 번째에는 수비에 성공하더라고요. 그 수비 선수는 다음에 상대방 그 선수를 만나도 절대로 주눅이 들거나 두려워하지 않습니다. 자신 있게 수비를 하게 됩니다. 이것이 중요합니다.

보통 사역자(훈련자)들은 쉬운 문제인데도 훈련생이 답변을 잘 못하거나 더듬거리거나 침묵을 지키면 답답해하고 급해집니다. 그러면 바로 다른 사람에게 그 답변을 하도록 넘깁니다. 이것은 좋지 않습니다.

질문을 쉽게 만들어서 그 사람이 답변을 할 때까지 물어보는 것이 중요합니다. 이렇게 해서 그분이 답변을 하게 되면, 그 뒤로는 답변을 하는 것에 대한 자신감을 가지게 됩니다. 질문받는 것을 두려워하거나 회피하지 않게 됩니다.

"당신은 왜 구원받았습니까?" "어떻게 구원받았습니까?" "당신이 구원받은 것을 어떻게 알 수 있습니까?" 이런 질문에 대해서 답변을 못하는 사람에게는 답변을 쉽게 할 수 있는 질문으로 바꾸어서 묻습니다. "당신은 예수님을 믿습니까?" "당신은 구원받았습니까?" "당신은 예수 믿고 하나님의 자녀가 되었습니까?" 이렇게 묻는다면 누구든지 답변을 할 수 있게 됩니다.

예를 들어 요한복음 3장 16절, "하나님이 세상을 이처럼 사랑하사 독생자를 주셨으니 이는 그를 믿는 자마다 멸망하지 않고 영생을 얻게 하려 하심이라" 이 문제의 내용이라면 "하나님이 세상을 사랑하셨습니까?" "독생자 예수님을 믿는 자는 영생을 얻을 수 있습니까?" 조금 더 수준을 높여서 "하나님이 세상을 사랑하사 누구를 주셨습니까?" "어떤 사람이 멸망치 않고 영생을 얻을 수 있습니까?"라고 쉽게 질문하면 됩니다.

답변을 못 한다고, 왜 그런 질문에도 답변을 못 하느냐 식으로 평가하거나 그런 식으로 쳐다보면 안 됩니다. 훈련생이 꼭 답변하도록 쉬운 길을 열어 주는 것이 훈련자가 해야 할 일입니다.

상황별로 훈련생의 마음을 터치하고 변화를 이끌어 낼 수 있는 구체적인 질문들이 제자훈련에서는 반드시 필요합니다.

훈련생이 삶의 무게에 눌려 있거나, 마음이 경직되어 있을 때 마음을 여는 '공감형' 질문을 사용하세요.

"이번 한 주간, 당신의 마음 날씨는 어떠했나요? (맑음, 흐림, 비 등)"

"요즘 당신을 가장 웃게 만드는 일과 가장 고민스럽게 만드는 일은 무엇인가요?"

"지금 이 자리에서 하나님이 당신의 어깨를 토닥여 주신다면, 어떤 말씀을 해주실 것 같나요?"

훈련의 진도를 나가는 것보다, 내면의 변화를 확인해야 할 때 영적 성장을 점검하는 '성찰형' 질문이 좋습니다.

"말씀을 읽을 때 단순히 '내용 파악'을 넘어, 하나님이 나에게 직접 건네시는 '음성'으로 들린 순간이 있었나요?"

"예전에는 당연하게 넘겼던 일들 중에, 훈련을 시작한 후 '불편하게' 느껴지기 시작한 죄의 습관이 있나요?"

"내 삶의 주인 자리를 예수님께 내어드리는 데 있어, 끝까지 포기하기 힘든 '나만의 영역'은 무엇인가요?"

배운 내용은 잘 알지만, 정작 삶(가정, 직장)에서는 변화가 없을 때 '적용형' 질문이 유용합니다.

"오늘 배운 말씀을 내일 아침 출근길이나 가족을 대할 때 어떻게 '적용’해서 실천해 볼 수 있을까요?”

“가장 대하기 힘든 그 사람을 ‘예수님의 시선’으로 바라본다면, 무엇이 보일까요?”

“이번 주에 딱 한 가지만 순종해 본다면, 무엇을 선택하시겠습니까? (아주 구체적으로 정해봅시다.)”

과제에 치이거나 영적인 매너리즘에 빠졌을 때 격려하기 위해서는 ‘회복형’ 질문이 필요합니다. 회복형 질문을 잘 던지면 훈련생이 침체기를 잘 극복할 수 있습니다.

“훈련이 숙제처럼 느껴져 마음이 무거울 때, 처음 제자훈련을 신청하며 가졌던 그 ‘첫 마음’은 무엇이었나요?”

“지금 당신의 영적 배터리가 몇 % 정도 남았다고 느껴지시나요? 다시 충전하기 위해 하나님께 구하고 싶은 것은 무엇인가요?”

“완벽하게 해내지 못해도 괜찮습니다. 오늘 이 자리에 나온 것 자체가 이미 큰 순종인데, 스스로에게 어떤 격려를 해주고 싶나요?”

5. 훈련자는 정답만을 알려주거나 훈련생들의 대답에 대해서 평가만 하는 사람이 아닙니다.

제자훈련은 단순히 ‘A는 B다’라는 정보를 훈련생에게 입력해 주는 과정이 아닙니다. 훈련자가 정답을 바로 알려 주면 훈련생은 편하지만, 스스로 문제를 해결하는 능력은 자라지 않습니다. 훈련자는 훈련생이 정답에 이르는 '길'을 스스로 찾도록 곁에서 안내하는 길잡이 역할을 해야 합니다.

훈련자는 훈련생의 답변에 대해서 "맞았다", "틀렸다"라고 점수만 매기는 '평가자'가 되어서는 안 됩니다. 훈련자는 훈련생의 부족한 대답 속에서도 성장의 가능성을 발견하고, 왜 그런 대답을 했는지 경청하며 함께 대안을 고민하는 '동반자'여야 합니다.

훈련자가 "제자의 삶에서 가장 중요한 게 뭐라고 생각하세요?"라고 묻고, 훈련생이 "봉사입니다."라고 답하면 "틀렸습니다. 정답은 순종입니다."라고 말하고 넘어가지 말고, "왜 봉사가 가장 중요하다고 생각하셨나요?"라고 다시 질문을 하고 훈련생의 답변을 충분히 들은 뒤, "그 봉사를 지속하게 하는 힘이 '순종'에서 나온다면 어떨까요?"라며 스스로 깊이 생각할 기회를 주는 것이 좋습니다.

그러므로 훈련자는 훈련생의 답변에 대해서 바로 평가하지 말고 훈련생의 대답이 정답과 거리가 멀더라도 끝까지 듣고 그 의도를 파악하면서 "무엇을 아느냐"보다 "어떻게 생각하느냐"를 묻는 질문을 던져 봅니다. 그리고 훈련생이 스스로 깨달을 때까지 기다려 줍니다.

비록 훈련생이 틀린 대답을 하더라도 그것을 '성장의 재료'로 삼는 사람이 진정한 훈련자라는 사실을 기억해야 합니다.

훈련자는 자신이 모든 답을 가진 것처럼 행동해서는 안 됩니다. 진정한 훈련자는 훈련생의 답변이 조금 서투르거나 정답에서 벗어나 보여도, 그 이면에 있는 성령님의 일하심을 지켜보는 인내심이 필요합니다.

훈련자 자신이 먼저 자신의 약함과 질문 앞에서 고민하는 모습을 보여 줄 때, 훈련생도 마음을 열고 성령님의 수술대 위에 자신을 올려놓게 됩니다.

6. 훈련자의 질문은 훈련생이 성령님의 음성을 스스로 듣고 내면을 성찰하게 만드는 마중물이 되어야 합니다.

성령님은 '진리의 영'이시요 알게 하시고 깨닫게 하시는 분이십니다. 훈련자는 질문을 통해 훈련생이 자신의 삶에 개입하시는 성령님의 손길을 발견하도록 도와야 합니다.

제자훈련이 아는 것으로만 끝나지 않게 하려면, 성령님께서 훈련생의 마음에 주신 감동을 훈련생으로부터 이끌어 내야 합니다. 예를 들면, "오늘 배운 말씀의 핵심이 무엇인가요?"라는 질문은 썩 좋은 질문이라고 말할 수 없습니다. 이 질문은 정답만을 찾는 질문인 것 같습니다. 그런데 "오늘 말씀을 묵상할 때, 성령님께서 당신의 마음속에 특별히 머물게 하신 단어나 구절은 무엇인가요?"라고 묻는 질문은 좋은 질문이라고 말할 수 있습니다. 이 질문은 훈련생이 성령님과 일대일로 대면했던 지점을 나누게 하기 때문입니다.

'마중물'은 펌프질을 할 때 깊은 곳의 물을 끌어올리기 위해 먼저 붓는 한 바가지의 물입니다. 이처럼 훈련자의 질문은 훈련생 내면에 계신 성령님의 역사를 끌어올리는 도구가 됩니다. 훈련생을 변화시키는 분은 훈련자가 아니라 성령님입니다. 질문은 훈련생이 성령님과 대면할 수 있는 '공간'을 만들어 줍니다.

"성경에서 원수를 사랑하라고 했는데, 지금 그분을 용서하셨나요?"라는 질문에 대해서 대부분의 훈련생들은 "노력 중입니다"라는 모범 답안을 내놓는 경우가 많습니다.

그럴 때 훈련자는 그 훈련생이 성령님의 음성을 듣도록 마중물이 되는 질문을 던져야 합니다.

"오늘 이 문제로 기도하실 때, 성령님께서 당신의 마음속에 어떤 단어나 마음을 계속 떠올리게 하시던가요? 그 마음을 있는 그대로 하나님께 말씀드렸을 때 어떤 느낌이 드셨나요?"

이렇게 질문하게 되면 훈련생은 훈련자의 눈치를 보는 대신, 자기 내면의 울림과 성령님의 인도하심에 집중하게 됩니다.

"이번 주에 큐티(QT) 세 번 하셨나요? 어떻게 하셨나요?"라는 질문보다는 "말씀을 묵상하는 동안, 유독 당신의 마음을 아프게 하거나 혹은 큰 위로를 주었던 구절이 있었나요? 성령님께서 왜 그 구절을 오늘 당신에게 주셨다고 생각하시나요?" 이렇게 묻는 것이 마중물이 되는 질문입니다.

이렇게 훈련자가 질문하고 난 뒤에 훈련생의 침묵을 답답하게 여겨서는 안 됩니다. 질문을 던진 후 훈련생이 성령님의 음성에 귀 기울일 시간을 주어야 합니다. 5~10초의 정적이 흐르더라도 기다려 주는 인

내가 필요합니다.

종종 성령의 세미한 음성에 귀를 기울이며 스스로 결단하도록 돕는 질문이 필요할 때도 있습니다. 이러한 질문은 훈련생이 직접 하나님의 뜻을 묻고 답하도록 가교 역할을 합니다. "지금 잠시 침묵하며 하나님께 여쭤봅시다. '주님, 제가 이 상황에서 어떻게 하길 원하십니까?'라고요. 지금 당신의 마음에 가장 먼저 떠오르는 생각은 무엇인가요?" 이러한 질문들은 훈련생으로 하여금 훈련자의 조언이 아닌, 성령님의 직접적인 인도를 경험하게 합니다.

훈련자는 내가 가르쳐야 한다는 압박감에서 벗어나, 훈련생 안에 계시는 성령님께서 가장 정확하게 가르치실 것을 믿고 질문의 마중물만 부어 주면 됩니다.

7. 훈련생으로 하여금 자기의 삶의 정직한 실체를 직면하게 하는 질문을 해 보세요.

사람들의 본성은 자기의 삶의 정직한 실체를 드러내지 않으려고 합니다. 변명하고 합리화하며 좋게 꾸미려 합니다. 그러므로 질문자는 이것들이 다 벗겨지고 자신의 실체를 직면하게 되는 질문을 해야 합니다.

이러한 질문은 불편하지만 피할 수 없는 질문이 될 수도 있고, 책임을 회피하지 못하게 하는 질문이 될 수도 있고, 자기의 인식을 올바로 하도록 하는 질문이 됩니다.

훈련생은 보통, "나는 열심히 하고 있어." "상황이 안 좋아서 그래." "나는 원래 이런 사람이야." 자기 자신에 대해 이렇게 생각합니다. 일종의 자기 방어적 해석입니다.

그러나 제자훈련에서 훈련생이 성장하려면 자기 자신에 대한 사실을 인정해야 합니다. 그러기 위해서 훈련자는 훈련생이 스스로 자기 자신의 실체에 직면하는 질문을 해야 합니다. 이러한 질문은 훈련생으로 하여금 자기를 속이는 것을 줄이고, 자기 책임 의식을 갖게 하고 행동의 변화를 촉진합니다.

"저는 성공하고 싶어요."라고 말하는 훈련생에게 훈련자는 "지난 3개월 동안 그 목표를 위해 실제로 한 행동은 무엇입니까?"

"당신의 하루 일정은 그 목표와 얼마나 연결되어 있습니까?"

"말이 아니라 행동으로 보면, 당신의 우선순위는 무엇입니까?" 라고 질문하는 것이 필요합니다.

"너무 바빠서 시간이 없어요."라는 훈련생에게

"지난주에 어디에다 가장 많은 시간을 사용했습니까?"

"그렇게 시간을 사용한 것이 당신이 원하는 삶과 일치합니까?"

"시간이 없는 것이 아니라, 선택하지 않은 것은 아닙니까?"라고 질문을 하는 것입니다.

"사람들이 저를 이해해 주지 않아요."라고 하는 훈련생에게는 "당신은 상대를 이해하려고 얼마나 노력했습니까?"

"같은 상황이 반복된다면, 당신은 어떻게 하겠습니까?"

"갈등 상황에서 당신이 먼저 바꿀 수 있는 행동은 무엇이라고 생각합니까?"라고 질문을 해 보세요.

"요즘 인생이 재미없어요."하는 훈련생에게는

"최근에 마음먹고 새롭게 도전해 본 일이 있으신가요?"

"당신은 지금 안전을 선택하고 있습니까, 성장을 선택하고 있습니까?"

"지금 이 모습 그대로 5년 뒤에도 똑같다면, 정말 괜찮으시겠습니까?"라는 질문을 해 보는 것입니다.

훈련자가 훈련생으로 하여금 자기합리화를 멈추고, 현재의 삶을 있는 그대로 인정하도록 만드는 질문이 훈련생이 자기의 실체에 직면하도록 하는 질문입니다.

◀ 14장 요약 ▶

훈련생마다 신앙 배경과 환경이 다르므로, 일률적인 질문보다는 각자의 내면 상태를 파악한 '정밀 의료'와 같은 맞춤형 질문이 필요합니다. 이를 위해 훈련생 한 사람 한 사람을 위해 기도하며 성령님이 주시는 통찰을 구해야 합니다.

지식적으로 정답을 잘 맞히는 훈련생에게 속지 마십시오. 지식이 가슴과 삶으로 내려가도록 명료화, 심층, 추가, 발전, 본질을 꿰뚫는 질문을 통해 숨겨진 동기를 직면하게 하고 실제적인 변화를 끌어내야 합니다.

답변을 못 한다고 바로 다른 사람에게 기회를 넘기지 마십시오. 질문을 더 쉽게 변형(예/아니오 대답 유도 등)하여 훈련생 스스로 답을 찾아내는 성공 경험을 하게 해야 합니다. 이는 훈련생에게 자신감을 주고 성령님의 수술대 위에 자신을 정직하게 올려놓게 만듭니다.

훈련자는 정답을 주는 선생이 아니라, 훈련생이 성령의 음성을 스스로 듣도록 돕는 통로입니다. 훈련생이 성령님과 대면할 수 있도록 충분한 시간을 기다려 주고, "성령님이 지금 무엇을 다루길 원하시는가?"와 같은 질문을 통해 스스로 해답을 찾게 도와야 합니다.

▦ 질문 ▦

1. 나는 훈련생이 말한 교재의 정답을 확인하는 데 집중하고 있습니까, 아니면 성령님께서 각 훈련생에게 던지길 원하시는 말씀을 구하며 기다리고 있습니까?

2. 답변을 못 하는 훈련생을 만날 때, 나는 그가 스스로 답을 찾아 성취감을 느낄 수 있도록 '쉬운 질문의 길'을 열어 주는 인내심 있는 감독(배구 감독처럼)의 마음을 품고 있습니까?

3. 나는 훈련생들에게 본질을 꿰뚫는 심화 질문을 던지기 전에, 나 자신이 먼저 그 말씀의 칼날 앞에 서서 나의 연약함과 동기를 성령님께 정직하게 드러내고 있습니까?

“오직 하나님이 성령으로 이것을 우리에게 보이셨으니

성령은 모든 것 곧 하나님의 깊은 것까지도 통달하시느니라”

- 고린도전서 2장 10절 -

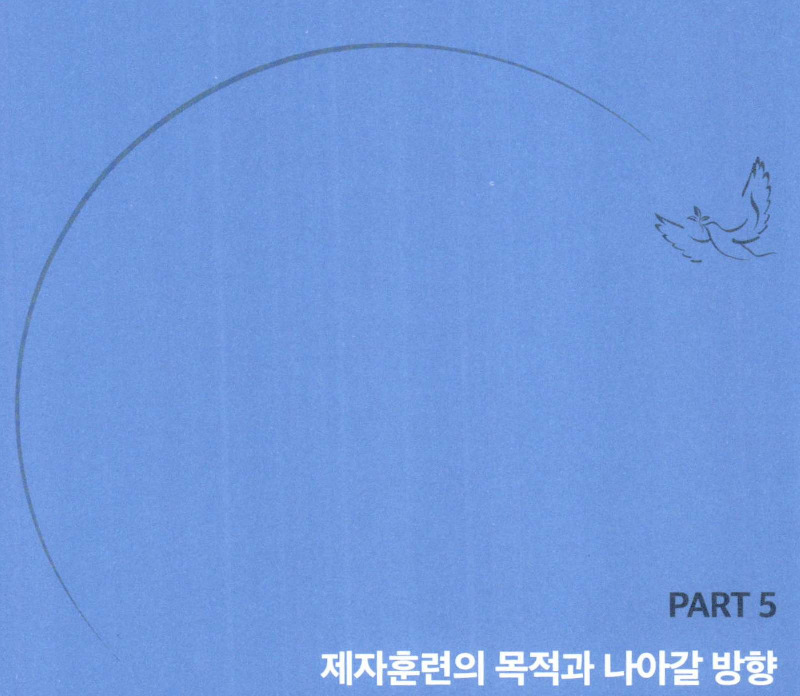

제자훈련의 목적과 나아갈 방향

15장

제자훈련의 진정한 목적

성령님이 주도하시는 제자훈련의 목적은 무엇일까요? 성령님은 무엇을 위해서 제자훈련을 시키시기를 원하실까요? 바로 '변화'입니다. 이 변화는 단순히 겉모습이나 습관을 고치는 수준을 넘어, 존재의 본질이 바뀌는 변화입니다. 이전 것은 지나가고 새것이 되는 변화입니다.

로마서 12장 2절, "너희는 이 세대를 본받지 말고 오직 마음을 새롭게 함으로 변화를 받아 하나님의 선하시고 기뻐하시고 온전하신 뜻이 무엇인지 분별하도록 하라"

고린도후서 5장 17절, "그런즉 누구든지 그리스도 안에 있으면 새로운 피조물이라 이전 것은 지나갔으니 보라 새 것이 되었도다"

로마서 1장에서 11장까지는 '너희는 예수 믿고 의롭게 되었다'는 이신칭의(以信稱義)를 말하고 있고, 12장에서는 그러므로 믿음으로 구원받고 의롭게 된 자들은 어떻게 살아야 하는가를 말하고 있습니다.

이를 위해 '변화를 받으라'고 말씀하고 있는데, 이 변화를 과연 누가 이루실 수 있을까요? 바로 성령님이십니다.

성령님이 제자훈련을 시키면 반드시 변화가 옵니다. 바로 **이것이 성령님이 제자훈련 시키는 목적입니다. 어떤 변화가 올까요?**

첫째, 성품의 변화입니다.

성품은 그 사람의 인격을 대변합니다. 그래서 성품이 아주 중요합니다. 하나님이 인간을 창조하실 때 하나님의 모양대로 창조하셨습니다.

창세기 1장 26-27절, "하나님이 이르시되 우리의 형상을 따라 우리의 모양대로 우리가 사람을 만들고 그들로 바다의 물고기와 하늘의 새와 가축과 온 땅과 땅에 기는 모든 것을 다스리게 하자 하시고 하나님이 자기 형상 곧 하나님의 형상대로 사람을 창조하시되 남자와 여자를 창조하시고"

여기서 '하나님의 모양'과 '하나님의 형상'이라는 말이 나오는데 '모양'과 '형상'에 대한 여러 가지 뜻이 있겠지만 가장 중요한 것은 '성품'입니다. 하나님의 성품대로 인간을 창조하셨다는 말입니다. 그런데 인간이 범죄하고 타락함으로 인간 속에 창조된 하나님의 성품이 훼손되고 망가지기 시작했습니다.

범죄한 인간을 구원하시기 위해서 예수님이 오셨고, 훼손되고 망가진 그 성품을 하나님의 성품대로 변화시키기 위해서 성령님이 오셨습니다. 갈라디아서 5장 22-23절에 나타난 성령의 아홉 가지 열매는 우리가 변화되어야 하는 성품을 구체적으로 보여 주고 있습니다.

이 아홉 가지 열매는 곧 하나님의 성품이자 예수 그리스도의 성품 곧 인격이라고 말할 수 있습니다. 성령님은 하나님과 동등한 삼위일체 하나님이시기 때문에 성령님이 맺으시는 열매 즉 성령의 열매는 곧 하나님이 어떤 분이신지를 드러내는 속성들입니다. 즉 하나님의 성품을 말합니다. 그러므로 성령의 열매를 맺는다는 것은 우리 삶에 하나님의 형상, 즉 하나님의 성품이 복구되어 가는 것을 보여 주는 것입니다.

갈라디아서 5장 22-23절, "오직 성령의 열매는 사랑과 희락과 화평과 오래 참음과 자비와 양선과 충성과 온유와 절제니 이 같은 것을 금지할 법이 없느니라"

성품이 변해야 '삶의 변화'가 나타납니다. 나무의 종류가 열매를 결정하듯, '사람의 존재'가 변해야 '행위'가 변합니다. 성품의 변화가 없는 사역이나 봉사는 금방 지치거나 교만에 빠지기 쉽습니다. 제자훈련은 '무엇을 할 것인가?' 이전에 '어떤 사람이 될 것인가?'를 다루는 존재론적 변화의 과정입니다. 성령님은 우리의 행동을 변화시키기 전에 우리의 근본적인 성품을 변화시킵니다. 나쁜 나무가 좋은 나무로 변화되어야 하듯이 말입니다.

둘째, 삶의 변화입니다.

성령님이 주도하시는 제자훈련에서 삶의 변화가 중요한 이유는, 성령님의 사역 자체가 사람을 새롭게 창조하고 실제 삶을 변화시키는 사역이기 때문입니다. 이는 선택 사항이나 부가적인 결과가 아니라, 성령님의 역사라면 반드시 나타나야 하는 본질적 열매입니다. 성령님은 단순히 깨닫게 하시는 분이 아니라 사람을 변화시키시는 분입니다. 성령님은 죄를 깨닫게 하고 마음을 새롭게 하며 하나님의 말씀에 순종할 수 있는 능력을 주십니다.

에스겔 36장 26-28절, "또 새 영을 너희 속에 두고 새 마음을 너희에게 주되 너희 육신에서 굳은 마음을 제거하고 부드러운 마음을 줄 것이며 또 내 영을 너희 속에 두어 너희로 내 율례를 행하게 하리니 너희가 내 규례를 지켜 행할지라 내가 너희 조상들에게 준 땅에서 너희가 거주하면서 내 백성이 되고 나는 너희 하나님이 되리라"

성령님은 '알게' 하시기보다는 '살게' 하시는 분입니다. 성령님의 가르침은 지식 전달에 머물지 않습니다. 삶 속에서 적용되도록 역사합니다. 그래서 성령님이 주도하시는 제자훈련은 '무엇을 알았는가?'보다

'어떻게 살고 있는가?'를 묻게 됩니다.

제자훈련의 목적이 '삶의 변화'라는 것은, 우리가 배운 진리가 머리 (지식)와 가슴(성품)을 거쳐 최종적으로 '손과 발(행동과 생활 방식)'에 도달해야 함을 의미합니다. 성경은 '아는 것'과 '사는 것'이 분리된 상태를 경계하며, '삶의 실천'을 '훈련의 완성'으로 봅니다.

예수님 시대의 종교지도자들은 율법을 누구보다도 알기는 많이 알았지만 예수님으로부터 책망을 많이 받았습니다. 왜 그렇습니까? 그들의 삶이 형편없었기 때문입니다. 아는 것만큼 그들의 삶이 따라오지를 못했던 것입니다. 그래서 한 손가락도 짐에 대지 않는 자라고 책망을 받은 것입니다.

누가복음 11장 46절, "이르시되 화 있을진저 또 너희 율법교사여 지기 어려운 짐을 사람에게 지우고 너희는 한 손가락도 이 짐에 대지 않는도다"

여기서 '너희는 한 손가락도 이 짐에 대지 않는다'는 말은 '삶이 엉터리다'라는 말입니다. 제자훈련을 통해서 변화되되 삶이 변화되어야 합니다.

로마서 12장 1-2절은, 하나님이 기뻐하시는 산 제물로의 변화, 하나님이 기뻐하시는 영적 예배자로의 변화, 하나님의 선하시고 온전하신 뜻을 분별하여 그 뜻대로 사는 변화, 이러한 삶의 변화가 예수를 믿고 구원받은 자에게서 나타나야 한다는 것을 말하고 있습니다.

로마서 12장 1-2절, "그러므로 형제들아 내가 하나님의 모든 자비하심으로 너희를 권하노니 너희 몸을 하나님이 기뻐하시는 거룩한 산 제물로 드리라 이는 너희가 드릴 영적 예배니라 너희는 이 세대를 본받지 말고 오직 마음을 새롭게 함으로 변화를 받아 하나님의 선하시고 기뻐하시고 온전하신 뜻이 무엇인지 분별하도록 하라"

변화가 되되 형식과 모양만의 변화가 아니라 실제적으로 하나님의 영광을 드러내는 삶으로 변화되어야 하는 것이 제자훈련의 목적입니다.

고린도전서 10장 31절, "그런즉 너희가 먹든지 마시든지 무엇을 하든지 다 하나님의 영광을 위하여 하라"

셋째, 능력의 변화입니다.

제자훈련에서 말하는 능력의 변화는 단순한 인간적 능력이나 기술 향상이 아니라, 성령님 안에서의 능력, 즉 영적 능력과 삶에서의 실제적 영향력의 변화를 의미합니다.

성령님이 주도하시는 제자훈련의 목적은 마음이 변화되고 성품이 변화되고 삶이 달라지는 것뿐만 아니라 성령님의 능력이 실제로 발현되어 그 능력이 삶과 사역 속에 나타나는 것입니다.

예수님께서 승천하시기 전에 제자들에게 아주 중요한 말씀을 하셨습니다.

사도행전 1장 8절, "오직 성령이 너희에게 임하시면 너희가 권능을 받고 예루살렘과 온 유대와 사마리아와 땅끝까지 이르러 내 증인이 되리라 하시니라"

성령이 임하시면 '권능'을 받는다고 하셨는데, 여기서 권능이란 무엇을 말할까요? 사전적 의미는 '권세와 능력'입니다. 이 말은 단순히 개인의 역량이나 물리적인 힘을 넘어선 깊은 의미를 갖고 있는데 헬라어로는 '두나미스(dunamis)'입니다. 어떤 단순한 힘을 넘어 기적을 행하거나 불가능을 가능하게 하는 근원적인 힘, 능력, 잠재력 등을 의미하며, '다이너마이트(dynamite)'의 어원이 되기도 합니다.

이 권능은 단순히 개인의 능력이 아니라, 하나님의 목적을 이루기 위해 믿는 자들에게 주어지는 초자연적인 힘을 의미합니다. 개인의 도덕적 결단으로는 불가능한 성품의 변화 즉 성령의 열매를 맺게 하며 죄를 이기고 거룩한 삶을 살게 하고 공동체의 유익을 위해 다양한 영적 은사로 나타나 교회와 이웃을 섬기게 합니다. 그리고 복음을 전하는 증인의 삶을 살게 합니다. 고난이나 두려움 속에서도 진리를 선포하고 말씀대로 살게 하는 힘이 됩니다.

사도행전에서 나타나는 예수님의 제자의 삶과 사역을 보면 성령의 권능을 받아 그들이 변화되었기 때문에 그러한 놀라운 일들이 일어났음을 알 수 있습니다. 그러므로 성령님이 제자훈련을 하시면 당연히 이러한 능력으로 변화하게 됩니다.

베드로를 보면 자기를 자랑하고 큰소리치던 베드로가 결국 예수님을 부인하고 옛 직업으로 돌아가 버리고 말았으니, 얼마나 무기력한 모습이었습니까? 그러나 성령님이 베드로를 가르쳤을 때, 베드로의 능력이 완전히 변화되었습니다. 완전히 달라진 능력의 소유자가 되었음을 우리는 사도행전을 통해서 알 수 있습니다.

죽음을 겁내지 않고 두려움 없이 담대하게 복음을 전합니다. 베드로가 설교했을 때, 하루에 3,000명이 회개하고 세례를 받았으며, 이후 믿는 자의 수가 5,000명에 이르는 놀라운 역사가 일어납니다. 놀라운 치유의 역사가 일어납니다. 그 외에도 놀라운 기적과 표적들이 베드로를 통하여 일어납니다. 그래서 능력의 변화가 반드시 필요한 것입니다. 예수님도 이것을 시사하는 말씀을 하셨습니다.

요한복음 14장 12절, "내가 진실로 진실로 너희에게 이르노니 나를 믿는 자는 내가 하는 일을 그도 할 것이요 또한 그보다 큰 일도 하리니 이는 내가 아버지께로 감이라"

성령님이 주도하시는 제자훈련은 단순한 성경 지식 습득이 아니라, 성령님의 능력으로 '존재의 본질'이 바뀌는 '변화'를 목적으로 합니다.

성품이 변화됩니다. 범죄로 인하여 훼손된 '하나님의 형상'을 복구하는 것입니다. 성령의 아홉 가지 열매는 하나님의 성품이자 예수님의 인격입니다. 제자훈련을 통해서 하나님의 성품으로, 예수님의 인격으로 변화됩니다.

삶이 변화됩니다. 지식이 머리에서 가슴을 거쳐 '손과 발'(행동)에 도달하는 것입니다. 성령님은 단순히 '알게' 하시는 분이 아니라 말씀대로 '살게' 하시는 분입니다. 아는 것과 사는 것이 분리된 위선을 버리고, 일상의 모든 영역에서 하나님의 영광을 드러내는 삶으로 변화되어야 합니다.

능력이 변화됩니다. 내 한계를 넘어선 성령님의 권능을 덧입는 것입니다. 개인의 도덕적 결단으로는 이기기 힘든 죄를 이기고 거룩한 삶을 살며, 복음의 증인이 되게 하는 초자연적인 힘이 바로 성령님이 주시는 능력입니다.

▦ **질문** ▦

1. 나는 일상에서 성령의 열매(사랑, 희락, 화평 등)를 얼마나 실천하며 나타내고 있습니까? 내가 변화되어야 할 성품의 영역은 무엇입니까?

2. 내가 알고 있는 신앙적 지식과 실제 생활 속 행동은 일치합니까? 내가 하나님의 뜻을 분별하고 그것대로 사는 삶을 살고 있습니까?

3. 성령님께서 내 삶에 임하셔서 권능과 영향력을 발휘하시는 경험을 하고 있습니까? 내가 복음을 전하거나 공동체를 섬기는 삶에서 성령의 능력을 의존하고 있습니까, 아니면 내 힘에만 의존하고 있습니까?

제자훈련의 핵심은 열매론이다

하나님이 인간을 창조하신 목적은 인간을 통해서 하나님이 영광을 받으시기 위함입니다. 그러면 하나님께 영광을 돌리는 인생을 살기 위해서는 어떻게 해야 할까요? 바로 열매를 많이 맺는 것입니다. 그것이 바로 예수님의 제자가 되는 것입니다.

요한복음 15장 8절, "너희가 열매를 많이 맺으면 내 아버지께서 영광을 받으실 것이요 너희는 내 제자가 되리라"

예수님은 열매를 맺는 것에 대해서 여러 번 말씀하셨습니다.

마태복음 7장 16-20절, "그들의 열매로 그들을 알지니 가시나무에서 포도를, 또는 엉겅퀴에서 무화과를 따겠느냐 이와 같이 좋은 나무마다 아름다운 열매를 맺고 못된 나무가 나쁜 열매를 맺나니 좋은 나무가 나쁜 열매를 맺을 수 없고 못된 나무가 아름다운 열매를 맺을 수 없느니라 아름다운 열매를 맺지 아니하는 나무마다 찍혀 불에 던져

이와 같은 말씀이 누가복음에도 기록되어 있습니다.

누가복음 6장 43-45절, “못된 열매 맺는 좋은 나무가 없고 또 좋은 열매 맺는 못된 나무가 없느니라 나무는 각각 그 열매로 아나니 가시나무에서 무화과를, 또는 찔레에서 포도를 따지 못하느니라 선한 사람은 마음에 쌓은 선에서 선을 내고 악한 자는 그 쌓은 악에서 악을 내나니 이는 마음에 가득한 것을 입으로 말함이니라”

위의 말씀들은 ‘그 사람이 어떤 사람인가?’, ‘됨됨이가 어떤가?’ 하는 것에 대해서 그 사람의 열매를 보면 알 수 있다는 말씀입니다. 그 사람에게 나타나는 열매가 얼마나 중요한가 하는 것을 보여 주는 말씀입니다.

그러므로 제자훈련의 핵심은 그 사람에게 열매가 나타나도록 하는 것입니다. 제자훈련을 받은 사람과 받지 않은 사람의 차이는 열매로 나타나야 합니다. 그래야만 그 사람의 열매를 보고 ‘저 사람은 예수님의 제자가 맞구나’ 하고 말할 수 있기 때문입니다.

또한 “열매가 왜 중요한가?” 하면, 그 사람의 열매를 통해서 예수님과의 관계가 어떠한지를 알 수 있기 때문입니다. 요한복음 15장 4절에서 ‘가지가 포도나무에 붙어 있지 아니하면 스스로 열매를 맺을 수 없다'는 말이 나옵니다. 이 말은 '가지가 포도나무에 붙어 있으면(붙어 있기만 하면) 스스로 열매를 맺는다.'는 말입니다.

가지가 포도나무에 붙어 있으면, 즉 그 사람이 예수님과 연합된 관계에 있다면 열매를 맺게 됩니다. 열매는 내 힘으로 억지로 맺어지는 것이 아니라 예수님과 올바른 관계에 있을 때 자연스럽게 맺어지게 됩니다. 그러므로 열매가 제자훈련의 핵심이라고 말하는 것입니다.

요한복음 15장 4-5절, "내 안에 거하라 나도 너희 안에 거하리라 가지가 포도나무에 붙어 있지 아니하면 스스로 열매를 맺을 수 없음과 같이 너희도 내 안에 있지 아니하면 그러하리라 나는 포도나무요 너희는 가지라 그가 내 안에, 내가 그 안에 거하면 사람이 열매를 많이 맺나니 나를 떠나서는 너희가 아무것도 할 수 없음이라"

씨가 좋은 땅에 뿌려져야만 풍성한 열매를 맺을 수 있습니다. 그리고 좋은 땅에 뿌려졌다는 것은 말씀을 듣고 깨닫는 것을 말합니다.

마태복음 13장 23절, "좋은 땅에 뿌려졌다는 것은 말씀을 듣고 깨닫는 자니 결실하여 어떤 것은 백 배, 어떤 것은 육십 배, 어떤 것은 삼십 배가 되느니라 하시더라"

마귀가 와서 우리 마음에 뿌려진 씨앗을 빼앗지 못하고, 말씀으로 말미암아 일어나는 환난이나 박해를 이기고, 세상의 염려와 재물의 유혹을 돌파하기 위해서는 좋은 땅이 되어야 합니다. 열매를 맺기 위해서 반드시 씨가 좋은 땅에 뿌려져야 하는데, 좋은 땅으로 변화시키기 위해서는 가시덤불과 돌을 제거해야 하고 말씀이 그 밭에 떨어져야 합니다.

이러한 열매를 풍성하게 맺기 위해 좋은 땅을 만드는 것을 과연 누가 잘할 수 있겠습니까? 성령님께서 가장 잘 하실 수가 있습니다. 성령님은 그 마음을 부드럽게 하고 말씀을 잘 받아들이게 하고 말씀을 잘 깨닫게 하셔서 말씀의 씨가 잘 자라도록 하고, 열매가 맺히는 것을 방해하는 염려와 근심과 욕심과 유혹을 잘 물리치게 하십니다. 에스겔 36장에서도 새 영(성령)이 새 마음, 부드러운 마음(좋은 땅)을 주실 것이라고 말씀합니다.

에스겔 36장 26절, "또 새 영을 너희 속에 두고 새 마음을 너희에게 주되 너희 육신에서 굳은 마음을 제거하고 부드러운 마음을 줄 것이며"

예수님은 참 포도나무, 하나님은 농부, 우리는 가지입니다. 성령님은 내 안에서 역사하시는 생명의 수액입니다. 그러므로 내가 예수님께 붙어 있기만 하면, 내 삶에는 반드시 아름답고 풍성한 열매가 맺힙니다.

이것이 바로 성령님이 주도하시는 제자훈련의 신비입니다. 훈련을 마친 후 우리는 "내가 이만큼 변했다"라고 자랑하는 것이 아니라, "성령님이 내 삶에 이런 열매를 맺게 하셨다"라고 찬양하게 됩니다.

여기서의 열매는 바로 성령의 열매이고, 예수님의 장성한 분량을 말합니다. 예수님께서 요한복음 15장 4-5절에서 열매를 말씀하신 다음에 강조하신 구체적인 열매의 모습은 '사랑'입니다. 요한복음 15장 12절을 통해서 알 수 있습니다.

사랑이라는 열매는 성경 전체를 꿰뚫는 핵심입니다. 하나님의 사랑, 예수님의 사랑, 하나님에 대한 사랑, 이웃에 대한 사랑은 신구약 전체에서 강조되고 있습니다. 로마서 5장 8절은 여전히 우리의 마음을 감동시키는 말씀입니다.

우리가 또 한 가지 알 수 있는 사실은 이러한 사랑은 '성령의 열매'라는 것입니다. 성령님이 사랑이라는 열매를 맺게 하신다는 것입니다. 성령님이 역사하지 않으시면 우리는 참다운 사랑의 열매를 맺을 수가 없습니다. 사람들은 자기가 좋아하는 사람, 자기를 사랑해 주는 사람을 사랑하는 경향이 있습니다. 하나님이 자기에게 은혜를 베풀어 주시고, 자기의 문제를 해결해 주시고, 평강과 형통의 축복을 주실 때에 하나님을 사랑합니다.

가나안 땅을 향하여 가는 이스라엘 백성들을 보아도, 그것을 알 수 있습니다. 당장 눈앞에 어려움이 생기고 부족함이 생기고 두려운 일이 생기게 되면, 지난날에 하나님이 도우시고, 인도하시고, 채워주신 일들은 잊어버리고 불평과 원망을 합니다. 이것은 이스라엘 백성들의 하나님에 대한 사랑이 아주 편협하고 조건적이라는 사실을 알 수 있습니다.

우리는 이런 상황에 상관없이 항상 하나님을 사랑해야 합니다. 이웃을 사랑해야 합니다. 원수까지 사랑해야 합니다.

누가복음 10장 27절, "대답하여 이르되 네 마음을 다하며 목숨을 다하며 힘을 다하며 뜻을 다하여 주 너의 하나님을 사랑하고 또한 네 이웃을 네 자신같이 사랑하라 하였나이다"

마태복음 5장 44절, "나는 너희에게 이르노니 너희 원수를 사랑하며 너희를 박해하는 자를 위하여 기도하라"

그런데 과연 우리는 성경이 말씀하는 대로 아무 조건 없이, 어떠한 상황 속에서도 하나님을 사랑하고 이웃을 사랑할 수 있을까요? 인간의 의지와 힘만으로는 매우 어렵습니다. 아니, 불가능할 수도 있습니다. 그러면 어떻게 이것을 가능케 할 수 있을까요? 바로 '성령님'이 하십니다. 성령님으로 말미암아 가능합니다. 성령님은 마치 폭포수처럼 하나님의 사랑을 우리 마음에 부어 주서서 이런 사랑을 하게 하십니다.

로마서 5장 5절, "소망이 우리를 부끄럽게 하지 아니함은 우리에게 주신 성령으로 말미암아 하나님의 사랑이 우리 마음에 부은 바 됨이니"

그런데 성령님이 맺게 하시는 열매는 초라하거나 대충 맺어지는 열매가 아닙니다. 풍성하게 맺고 항상 열매가 있습니다.

요한복음 15장 16절, "너희가 나를 택한 것이 아니요 내가 너희를 택하여 세웠나니 이는 너희로 가서 열매를 맺게 하고 또 너희 열매가 항상 있게 하여 내 이름으로 아버지께 무엇을 구하든지 다 받게 하려 함이라"

제자훈련의 목적을 말씀드릴 때, 성품의 변화, 삶의 변화, 능력의 변화라고 말씀드렸습니다. 성품도 예수님의 성품처럼, 삶도 예수님처럼, 능력도 예수님처럼 닮아가고 변화해 가야 합니다. 이렇게 변화된 모습이 예수님의 장성한 분량이 충만한 데까지 자란 모습입니다.

에베소서 4장 13절, "우리가 다 하나님의 아들을 믿는 것과 아는 일에 하나가 되어 온전한 사람을 이루어 그리스도의 장성한 분량이 충만한 데까지 이르리니"

'예수 그리스도의 장성한 분량에 이르는 것'과 '제자훈련의 열매'는 동전의 양면과 같습니다. '성장이 내적인 성숙'을 의미한다면, '열매는 그 성숙이 삶으로 터져 나오는 외적 결과'이기 때문입니다.

그래서 성령님이 주도하시는 제자훈련에서 성령의 열매는 제자훈련의 목표요, 핵심이요, 꽃이요, 결실인 것입니다.

◀ 16장 요약 ▶

제자훈련의 핵심은 '열매'이며, 열매를 맺는 삶이 곧 하나님께 영광을 돌리는 삶이고 예수님의 제자됨의 증거입니다.

예수님은 사람의 됨됨이와 하나님과의 관계가 그 사람이 맺는 열매로 드러난다고 하셨으며, 열매는 예수님과의 연합 속에서 자연스럽게 맺어집니다(요한복음 15장).

열매를 맺기 위해서는 말씀이 좋은 땅에 심겨야 하며, 이 좋은 땅은 성령님의 역사로 마음이 부드러워질 때 만들어집니다. 성령님은 말씀을 깨닫게 하시고, 염려와 욕심을 제거하여 풍성한 열매를 맺게 하십니다.

제자훈련에서 말하는 열매의 핵심은 성령의 열매, 그중에서도 사랑이며, 이는 인간의 의지로 되는 것이 아니라 성령님이 하나님의 사랑을 마음에 부어 주심으로 가능합니다. 이 사랑은 조건 없는 하나님 사랑, 이웃 사랑, 원수 사랑으로 나타납니다.

결국 예수 그리스도의 장성한 분량에 이르는 성숙과 제자훈련의 열매는 동전의 양면으로, 내적 성숙이 외적 삶의 열매로 나타나는 것이 바로 성령님이 주도하시는 제자훈련의 핵심입니다.

■ 질문 ■

1. 예수님께서 말씀하신 제자의 기준은 무엇이며, 왜 열매가 중요합니까?

2. 열매는 우리의 노력으로 맺는 것인가요, 아니면 어떤 관계 속에서 자연스럽게

   맺히는 것입니까?

3. 성령님은 제자의 삶에서 열매를 맺게 하시기 위해 어떤 역할을 하십니까?

“너희가 열매를 많이 맺으면 내 아버지께서 영광을 받으실 것이요

너희는 내 제자가 되리라”

- 요한복음 15장 8절 -

한번은 옥한흠 목사님(사랑의교회 원로목사)께서 저에게 오셔서 이런 중요한 말씀을 하셨습니다. 그때 제가 사랑의교회 내 제자훈련 전체를 주관하는 '제자훈련 디렉터'로 섬기고 있을 때입니다.

사랑의교회의 제자훈련 교재에 성령에 대한 부분이 너무 적게 다루어지고 있었는데, 그 내용을 풍성하게 보충했으면 좋겠다는 말씀을 하셨습니다. 이미 옥 목사님께서 제자훈련 사역을 성령님의 도우심과 인도하심으로 아주 다이나믹하고 효과 있게 해 오셨고, 한국 교회에서 제자훈련에 대해서 많은 영향력을 끼치셨는데, 그 말씀을 하신 것입니다. 저는 이 말씀에서 제자훈련에서 더욱더 성령님의 간섭과 역사하심이 강력하고 크게 반영되어야 한다는 것으로 이해했습니다. 그리고 옥 목사님은 성령님에 대해서 더욱더 깊은 묵상과 연구를 하시고 깊은 체험을 하시기도 하셨습니다. 그래서 주중 설교도 한 6개월 이상 성령님에 대해서 하셨습니다. 그 뒤에 제가 교회를 떠나 개척을 했기 때문에 사랑의교회 제자훈련 교재가 말씀하신 방향으로 성령님에 대한 부분이 더 많아지고 보충되고 심화되는 방향으로 바뀌었는지는 확인해 보지 못했습니다.

제가 '성령님이 주도하시는 제자훈련'이라는 책을 써야겠다고 생각하고 묵상하고 준비하고 있는 가운데, 옥 목사님이 쓰신 글을 발견하게 되었습니다.

아래 글은 옥한흠 목사님께서 2004년 2월 국제제자훈련원장으로 계셨을 때, 국제제자훈련원에서 나오는 'Disciple'이라는 인터넷 잡지에 기고하신 '성령이여, 당신이 제자훈련을 직접 하옵소서'라는 칼럼을 그대로 인용한 것입니다.

얼마 전 십여 개의 신학교 교수들이 모여 1907년 평양에서 촉발되었던 대부흥운동 100주년을 맞는 2007년을 제2 대부흥 운동 원년이 되게 하자며 서로의 꿈을 나누며 기도하는 것을 보았다. 그리고 그들에게서 신선한 자극을 받은 신학생들이 캠퍼스마다 움직이기 시작했다. 조만간 그들은 한자리에 모이게 될 것이다. 그리고 또 한 번의 대부흥이 이 땅에 재현되기를 간구하는 기도의 불씨를 지피게 될 것이다.

대부흥은 100주년을 맞는 2007년이 다가오면서 나는 세계적으로 일어났던 대부흥운동과 대각성운동에 관한 자료들을 자주 들여다보게 된다. 그리고 자연히 그 속에서 하나님이 직접 사람들을 만지기 시작하면 그들이 얼마나 쉽게 변화되는가를 보고 놀란다. 일 년이 넘게 씨름을 해도 될까 말까 한 일들이 대각성이 일어나면 단 하루 만에 끝을 보는 경우가 허다했다. 나는 이런 기록들을 보면서 "주여, 지금이야말로 이와 같은 당신의 개입이 절실히 필요한 때입니다"라고 소리치게 된다.

나는 제자훈련하는 현장에도 이런 성령의 기름 부음이 일어나기를 사모한다. 예수님이 3년 동안 제자를 만드느라 정성을 쏟으신 것처럼 충분한 시간을 투자하면서 해산의 고통을 감수하는 것을 피할 수 없지만, 예수님처럼 제자훈련의 대미를 성령의 기름 부으심으로 장식할 수 있다면 얼마나 좋을까? 이런 일이 가능하려면 다시 한 번 성령이 비상 개입하시는 부흥 혹은 각성이 일어나야 할 것이다.

일이 년 동안 진액을 쏟아 제자훈련을 시키지만 사람이 별로 달라지지 않는 것을 볼 때마다, 또는 수십 명 수백 명이 제자훈련을 받았지만 냉랭한 분위기만 가득한 교회를 볼 때마다 우리는 자주 절망한다. 어찌 부르짖지 않겠는가? "주여, 부흥을 주옵소서. 성령이여, 제자훈련을 당신이 직접 하옵소서."

만일 주님께서 또 한 번의 대부흥을 이 땅에 허락하신다면 제자훈련하는 교회들에서 먼저 이 불길이 타올랐으면 한다. 어느 교회라도 좋다. 어느 제자훈련반이라도 좋다. 주님을 사랑하며 그를 닮고 그를 기쁘시게 하기를 사모하면서 말씀에 귀를 기울이는 작은 제자훈련 모임 위에 성령이 바람처럼, 불처럼 먼저 임하여 그 불길이 전국으로 번지는 날이 빨리 왔으면 좋겠다.

뉴욕의 장로교 목사였던 존스톤 박사가 1906년 9월에 평양을 방문하여 집회에 참석한 사람들을 향해 이렇게 물었다. "하나님이 이 한반도에 부흥 운동을 허락하신다면 누가 그 운동의 주역이 되겠습니까?" 이때 손을 번쩍 들고 "저요!"라고 대답한 사람이 있었다. 바로 길선주 장로였다. 그는 아직 안수를 받지 아니한 평신도였다. 하나님은 그를 높이 들어 다음 해부터 시작된 부흥운동의 주역이 되게 하셨다.

21세기 이 땅에 다시 찾아올지 모르는 대부흥운동, 대각성운동의 주역이 제자훈련하는 교회의 평신도들이 되었으면 하는 마음이 간절하다. "주여, 우리의 소원을 이루어 주옵소서. 소망이 없어 보이는 이 땅에 주의 나라가 임하옵소서. 아멘."

제가 이 글을 읽고 큰 감동을 받았고, '내가 쓰고 있는 책이 옥 목사님이 생각하고 계시는 방향과도 일치하는구나' 하는 생각이 들었고, '내가 더 용기를 내서 이 책을 계속 집필해야 하겠구나, 내가 쓰는 방향이 맞고 틀리지 않았구나' 하고 생각하면서 큰 힘을 얻었습니다.

◀ 17장 요약 ▶

생전 옥한흠 목사님은 제자훈련 교재 내에 성령에 대한 내용이 보충되어야 함을 강조하셨습니다. 이는 제자훈련이 인간의 노력이나 시스템에 그치지 않고, 성령님의 강력한 간섭과 역사하심이 반영되어야 한다는 의지였습니다.

오랜 시간 공을 들여도 사람이 변하지 않거나 교회가 냉랭한 현실을 보며, 인간의 열심만으로는 한계가 있음을 고백합니다. 과거 대부흥 운동처럼 하나님이 직접 만지시면 하루 만에도 변화가 일어남을 상기하며, '성령의 비상한 개입(기름 부으심)'을 간절히 사모했습니다.

옥 목사님은 칼럼을 통해 '성령이여, 제자훈련을 당신이 직접 하옵소서'라고 부르짖으며, 제자훈련의 대미가 성령의 역사로 장식되기를 기도했습니다. 21세기의 새로운 부흥 운동이 제자훈련을 받는 평신도들을 통해 시작되기를 간구했습니다.

저자가 준비 중인 저서『성령님이 주도하시는 제자훈련』의 방향성이 옥한흠 목사님의 비전과 일치함을 확인했습니다. 이를 통해 집필 중인 내용에 대한 확신과 큰 용기를 얻었으며, 이 사역이 시대적 요청임을 재확인하였습니다. "주여, 부흥을 주옵소서. 성령이여, 제자훈련을 당신이 직접 하옵소서."

▩ 질문 ▩

1. 옥한흠 목사님이 제자훈련에서 가장 강조한 핵심은 무엇이었습니까?

2. 왜 제자훈련은 인간의 노력만으로 한계에 부딪힐 수밖에 없다고 말합니까?

3. 오늘 우리의 제자훈련 현장에서 성령님의 직접적인 개입이 왜 필요하다고 생각합니까?

"그가 내게 대답하여 이르되 여호와께서 스룹바벨에게 하신 말씀이 이러하니라

만군의 여호와께서 말씀하시되 이는 힘으로 되지 아니하며

능력으로 되지 아니하고 오직 나의 영으로 되느니라"

- 스가랴 4장 6절 -

제자훈련에 성공적으로 쓰임 받는 사역자는?

성령님이 주도하시는 제자훈련에서 주체는 성령님이 되십니다. 사람이 제자훈련을 시키고 성령님이 보조자가 되어 도와주는 것이 아닙니다. 성령님은 제자훈련이 잘 되도록 하는 도구가 아닙니다. 성령님이 주도하시는 제자훈련에서는 원칙적으로 성령님이 그 일을 주도하시는 것입니다. **이것을 분명히 하기 위해 다음의 사실들을 다시 한 번 확고히 해야 합니다.**

첫째, '이제 제자훈련의 주체는 성령님이시다, 성령님이 제자훈련을 주도하셔야 합니다'는 사실입니다.

둘째, '성령님이 직접 우리를 제자훈련 시킬 수 있습니다'라는 사실입니다.

반드시 사람이 중간에 개입되어야만 성령님이 주도하시는 제자훈련이 진행되는 것은 아닙니다. 성령님이 직접 하시기도 한다는 사실을 인정해야 합니다. 이 내용은 우리가 8장, 9장, 10장에서 다루었습니다.

그런데 성령님은 성령님의 마음에 합한 훈련자를 세워서 교회나 기관이나 단체에서 제자훈련을 하게 하시기도 합니다. 이것이 어쩌면 더 보편적인 방법일 수 있습니다. 사역자나 인도자를 세워서 성령님이 주도하시는 제자훈련을 하도록 하십니다.

예수님이 열두 제자를 제자훈련 시킨 후 파송하셨습니다. '너희는 가서 모든 민족을 제자로 삼으라'고 하셨습니다. 이 말은 '제자훈련을 시키라'는 말과 같은 의미를 갖고 있습니다.

마태복음 28장 18-20절, "예수께서 나아와 말씀하여 이르시되 하늘과 땅의 모든 권세를 내게 주셨으니 그러므로 너희는 가서 모든 민족을 제자로 삼아 아버지와 아들과 성령의 이름으로 세례를 베풀고 내가 너희에게 분부한 모든 것을 가르쳐 지키게 하라 볼지어다 내가 세상 끝날까지 너희와 항상 함께 있으리라 하시니라"

예수님은 제자들에게 제자훈련을 시키라고 명령하셨습니다. 이것은 성령님이 제자들에게 제자훈련을 시키라고 명령하시는 것과 마찬가지입니다. 예수님의 제자들은 오순절 성령강림 이후 성령님께 제자훈련을 받고 모든 족속을 제자 삼기 위해서 나아갔습니다. 물론 성령님이 직접 제자훈련을 시키기도 하시지만 우리에게, 준비된 사역자들에게 제자훈련을 하라고 명령하십니다.

사도행전을 보면, 초대교회 사역자들이 제자훈련과 선교를 위해 사람을 따로 세울 때, 성령님이 직접적으로 사역의 방향을 명령하셨습니다. 사역자를 선발하고 파송하는 제자 사역의 핵심 결정권자가 성령님이심을 분명히 합니다. '성령이 이르셨다(said)'는 말에 우리는 주의를 기울여야 합니다.

여기서 내가 불러 시키는 일이란 '안디옥이라는 지역 교회를 넘어 열방에 복음을 전하는 선교 사역'이었습니다. 바울의 이 선교사역을 살펴보면, 복음을 전파하는 것뿐만 아니라 복음을 받아들이고 믿는 사람들에게 말씀을 가르치고 제자를 삼는 사역을 했습니다. 그런데 이 제자훈련 사역을 위하여 바나바와 사울을 지정했다는 말씀입니다. 놀라운 말씀입니다.

성령님이 직접 제자훈련을 주도하시기도 하고 성령님이 원하는 사람들을 세우셔서 그 일을 하도록 하신다는 말씀입니다. 그러면 어떤 사람들에게 성령님이 주도하시는 제자훈련을 하게 허락하실까요? 우리가 살펴볼 큰 과제입니다.

바울도 제자훈련을 시킨 디모데에게 다른 사람을 제자훈련 시키라고 명령합니다. 그러면 '그들이 또 다른 사람들을 제자훈련 시킬 것이다'라는 말입니다. 그러므로 우리도 다른 사람들을 제자훈련을 시키는 일을 기회가 되면 감당해야 합니다.

사도행전 13장 2절 말씀에서, 제자 삼는 사역을 위해 바나바와 사울(바울)을 따로 세우셨는데, 마찬가지로 오늘날도 성령님이 주도하시는 제자훈련을 위해서 성령님은 사람들을 따로 세우기도 합니다.

그렇다면 성령님은 어떤 사람들을 사역자, 훈련자로 세우실까요?

첫째, 성령님을 100% 인정하는 자입니다.

성령님을 인정한다고 할 때는 성령님에 대한 모든 것을 인정하는 것을 말합니다. 이 부분에 대해서는 7장에서 다룬 적이 있는데 아주 중요하기 때문에 다시 한 번 다룹니다. '성령님을 100% 인정하는 것'이 '성령님이 주도하시는 제자훈련'이 진행되기 위한 첫 번째 문입니다. 이 문을 열지 못하면 아예 시작이 안 됩니다. 왜냐하면 성령님이 주도적으로 제자훈련을 하셔야 하기 때문입니다.

우선, 성령님의 존재를 인정해야 합니다. 성령님은 삼위일체 하나님이신 성령 하나님이십니다. 창조 사역에서도, 구원 사역에서도 성부 하나님, 성자 하나님이신 예수님과 함께하셨습니다. 성부, 성자, 성령 삼위일체 하나님은 본질에 있어서 한 분이시며, 그 권세와 능력과 영광이 영원토록 동일하십니다. 이 놀라운 성경적 진리가 성령님이 주도하시는 제자훈련 사역의 현장에서 매우 실제적인 힘을 발휘하고 제자훈련의 견고한 기초가 됩니다.

제자훈련을 주도하시는 성령님이 하나님이시요, 권세와 능력과 영광이 성부 하나님과 성자 하나님이신 예수님과 동일하다는 것을 인정하고 믿게 될 때, 삼위 하나님의 한 분이신 성령님의 신적 역사와 능력이 강력하게 그 제자훈련 가운데 나타나게 됩니다. 성령님을 성부 하나님과 성자 예수님과 동일한 하나님으로 믿지 못하고 성령님을 가볍게 여기거나 귀하게 여기지 않거나, 나에게 꼭 필요한 하나님으로 여기지 못하면 성령님은 그 사람을 제자훈련의 적임자로 세우시지를 않습니다.

둘째, 성령님의 모든 사역을 100% 인정하는 자입니다.

앞에서도 말씀했듯이 성령님의 창조사역과 구원사역을 인정해야 합니다. 그리고 성령님의 가르치시고, 알려 주시고, 깨닫게 하시고, 예수님의 말씀을 생각나게 하시고, 진리 가운데로 인도하시고, 장래 일을 알려주시고, 죄에 대해서, 의에 대해서, 심판에 대해서 가르쳐 주시고, 우리를 도우시고 중보기도하시고, 회개하게 하시고, 예수님을 믿게 하시고, 예수님을 구주로 시인하게 하시는 사역을 모두 인정해야 합니다.

성령님이 행하시는 놀라운 신적 사역이 사도행전에 많이 나타나는데, 어떤 것은 인정하고, 어떤 것은 인정하지 않는 것이 아니라 모두 인정해야 합니다.

성령 강림과 함께 언어의 기적이 나타났는데, 이는 성령의 가시적인 임재와 소통의 장벽이 허물어지는 것으로 시작되었습니다. 불의 혀처럼 갈라지는 것들이 각 사람 위에 임하며, 제자들이 배우지 않은 말로 복음을 말하게 된 오순절 방언, 고넬료 가정과 에베소 제자들에게 성령이 임하실 때 나타난 방언과 예언, 예수님이 행하셨던 치유 사역이 성령님의 역사로 제자들을 통해 그대로 나타났습니다. 베드로는 나면서 걷지 못하는 사람에게 "은과 금은 내게 없거니와 내게 있는 이것을 네게 주노니 나사렛 예수 그리스도의 이름으로 일어나 걸으라"고 선포했습니다.

성령님의 주요 사역 중 하나는 '예수 그리스도의 이름을 증언하고 그 권세를 나타나게 하는 것'입니다. 베드로가 예수의 이름을 선포할 때, 그 이름을 효력 있게 만드시고 걷지 못하는 사람의 다리에 힘을 주셔서 일어나게 하고 걷게 하신 분은 바로 성령님이셨습니다.

요한복음 15장 26절, "내가 아버지께로부터 너희에게 보낼 보혜사 곧 아버지께로부터 나오시는 진리의 성령이 오실 때에 그가 나를 증언하실 것이요"

사도행전 3장 6절, "베드로가 이르되 은과 금은 내게 없거니와 내게 있는 이것을 네게 주노니 나사렛 예수 그리스도의 이름으로 일어나 걸으라 하고"

예수님의 제자들이 예수님의 이름으로 표적과 기사가 일어나기를 기도할 때, 성령충만해서 예수 그리스도의 이름의 권세가 실제적으로 치유의 능력으로 나타났습니다. 이런 역사를 일어나도록 주도하신 분이 성령님이심을 말해 줍니다.

사도행전 4장 30-31절, "손을 내밀어 병을 낫게 하시옵고 표적과 기사가 거룩한 종 예수의 이름으로 이루어지게 하옵소서 하더라 빌기를 다하매 모인 곳이 진동하더니 무리가 다 성령이 충만하여 담대히 하나님의 말씀을 전하니라"

베드로가 성전 미문(美門)에 앉아 있는 걷지 못하는 사람을 일으켰을 때, 그는 자신의 권능을 자랑하지 않았습니다. "왜 우리 개인의 권능과 경건으로 이 사람을 걷게 한 것처럼 우리를 주목하느냐?"라고 반문하며 오직 예수의 이름과 성령의 역사를 증거했습니다. 제자훈련도 마찬가지입니다. 훈련자가 자신의 실력을 인정받으려 하는 순간 성령의 역사는 멈춥니다. 베드로처럼 '내가 한 것이 아닙니다'라는 고백이 있을 때 비로소 성령님의 신적 사역이 시작됩니다.

"예수의 이름이 걷지 못하는 사람을 낫게 했다"고 베드로는 말했습니다. 예수님을 드러내고, 예수님의 이름을 드러내는 분은 성령님이십니다. '예수님의 이름'으로 선포할 때, 그 이름을 수단 삼아 실제로 걷지 못하는 사람의 몸을 일으키신 '권능의 주체'는 바로 성령님이십니다.

앨버트 심슨은 그의 책 『성령: 위로부터 오는 능력(The Holy Spirit: Power from on High)』에서 '예수의 이름은 성령의 능력을 통해 성전 미문 앞에 앉아 있던 걷지 못하는 사람을 치유하는 능력을 발휘했으며, 심지어 베드로의 기도로 죽은 자를 살리는 일까지 이루었다'고 언급하고 있습니다.

R. A. 토레이의 저서 『성령론(The Person and Work of the Holy Spirit)』에서 토레이는 우리가 예수의 이름으로 기도할 때, 그 기도가 응답되는 원리를 설명하며 이 비유를 사용합니다. "우리가 은행 창구에 가서 돈

을 달라고 할 때, 내 이름이 아니라 자산가의 서명이 담긴 수표를 내밀면 은행원이 돈을 내어 주는 것과 같다"고 설명하며, 이때 내어 주는 '현금'이 곧 '성령의 권능'과 같음을 비유로 말하고 있습니다. 베드로가 자기의 권능이 아니라 예수의 이름을 의지했을 때 성령께서 역사하셨다는 해석도 이 책에서 '성령의 권능'을 설명하는 주요 예시로 쓰입니다.

잭 헤이포드도 그의 저서 『프뉴마 성경(Spirit-Filled Life Bible)』내 마태복음 28장 18-20절과 연결된 '하나님 왕국의 역동성(Kingdom Dynamics)' 섹션의 핵심 주석에서 예수님이 부여하신 권세를 설명하면서 성도가 예수의 이름을 부르는 것은 '하늘 정부의 결정을 이 땅에 집행하는 법적 행위'라고 설명합니다. 즉 예수의 이름을 위임받은 성도는 하늘의 통치권을 집행하는 대리인이라는 것입니다.

성도가 '예수의 이름'을 사용하는 것은 단순히 기도의 끝에 붙이는 관용구가 아니라 그것은 왕이 대사에게 준 '인장 반지(Signet Ring)'를 찍는 것과 같습니다. 즉, 성도가 예수의 이름으로 명령하거나 기도할 때, 그것은 개인의 소망이 아니라 천국 정부의 공식적인 인장이 찍힌 행정 명령이 된다고 설명했습니다.

베드로가 예수의 이름을 걸지 못하는 사람에게 선포했을 때, 성령님께서는 그 이름이 가진 권세를 확증하기 위해 치유라는 초자연적인 역사를 현장에서 집행하신 것입니다. 즉, 예수님의 이름은 '권세'이고, 성령님은 그 권세를 실현하는 '능력'입니다.

성령님의 가장 큰 사역 중 하나는 예수 그리스도를 영화롭게 하고 그분의 이름을 증명하는 것입니다.

요한복음 16장 14절, "그가 내 영광을 나타내리니 내 것을 가지고 너희에게 알리시겠음이라"

베드로가 걷지 못하는 사람을 일으키기 직전, 예수님께서는 제자들에게 권능이 어떻게 임하는지 이미 말씀하셨습니다.

사도행전 1장 8절, "오직 성령이 너희에게 임하시면 너희가 권능을 받고 예루살렘과 온 유대와 사마리아와 땅끝까지 이르러 내 증인이 되리라 하시니라"

걷지 못하는 사람을 고친, 예수 그리스도의 증인의 사역인 치유 사역을 할 수 있었던 실제적인 힘의 근원은 성령님이었습니다.

예수님께서 이 땅에서 병자를 고치시고 귀신을 쫓아내실 때, 본인의 신성을 사용하시기보다 '성령의 능력'을 힘입어 하셨음을 강조하셨습니다.

마태복음 12장 28절, "그러나 내가 하나님의 성령을 힘입어 귀신을 쫓아내는 것이면 하나님의 나라가 이미 너희에게 임하였느니라"

사도행전 10장 38절, "하나님이 나사렛 예수에게 성령과 능력을 기름 붓듯 하셨으매 그가 두루 다니시며 선한 일을 행하시고 마귀에게 눌린 모든 사람을 고치셨으니 이는 하나님이 함께하셨음이라"

그러므로 예수님이 성령을 힘입어 사역하셨다면, 예수님의 제자들이 예수의 이름으로 행하는 모든 기적 역시 당연히 성령의 능력을 힘입은 것입니다. 그래서 우리는 신약성경에 나타난 모든 이적과 기적을 성령님이 하신 사역이라고 말하기도 합니다. 이것을 온전히 믿는 자는 성령님이 주도하시는 제자훈련 사역의 훈련자로 사용될 것입니다.

셋째, 성령님의 열매를 100% 인정하는 자입니다.

제자훈련이 성공했는가의 평가는 사람의 기준 즉 이 사람이 제자훈련에 성실히 임했느냐, 과제를 충실히 잘했느냐, 성경 지식이 얼마나 많아졌느냐로 측정하는 것이 아니라, 오직 그 사람의 인격과 삶에서 나타나는 성령의 열매로 평가가 됩니다. 그러므로 제자훈련을 하는 사역자가 성령의 열매를 잘 알지 못한다거나 성령의 열매를 중요하게 생각하지 않고, 전적으로 인정하지 않는다면 성령님으로부터 훈련자로 세우심을 받을 수가 없습니다. 성령의 열매는 성령님이 맺게 하시는 열매이기 때문에 그렇습니다.

갈라디아서 5장 22-23절, "오직 성령의 열매는 사랑과 희락과 화평

성령의 열매 중에서 사랑과 희락과 화평은 하나님과의 관계에서 나
타납니다. 하나님과의 관계에서 비롯되는 수직적인 차원의 은혜가 그
기초가 됩니다. 참음과 자비와 양선은 이웃과의 관계에서 나타납니
다. 타인을 향한 긍휼과 선한 태도를 말합니다. 충성과 온유와 절제는
자기 자신과의 관계에서 나타납니다.

이러한 성령의 열매는 제자훈련을 통해서 풍성하게 나타납니다. 나
와 하나님과의 관계, 나와 이웃과의 관계, 나 자신과 나와의 관계, 이런
관계가 제자훈련을 통해서 아름답게 개선이 되고 발전된다면 그것이
바로 제자훈련의 핵심입니다.

훈련자가 성령의 열매를 100% 인정한다는 것은, '변화의 주체는 내
가 아니라 성령님이시다'라는 사실을 완전히 수용했음을 의미합니다.
훈련자가 자기 능력이나 프로그램을 의지하면, 훈련생이 변하지 않을
때 좌절하거나 인본주의적인 방법을 쓰게 됩니다. 하지만 성령의 열매
를 신뢰하는 자는 성령님께서 각 사람의 시간표에 맞게 일하실 것을
믿고 끝까지 인내하며 기다려 줄 수 있습니다.

제자훈련의 무서운 함정은 '똑똑한 바리새인'을 만드는 것입니다. 지
식적 훈련은 성령님의 도우심 없이도 가능하기도 하지만, 사랑, 희락,

화평과 같은 인격적 열매는 오직 성령님 안에서만 맺어집니다. 훈련자가 이 열매를 절대적으로 신뢰할 때, 비로소 사역의 방향이 '성경 지식 암기'에서 '그리스도의 장성한 분량(성품)으로의 성장'으로 고정됩니다.

제자훈련은 '가르치는 것'이 아니라 '보여 주는 것'입니다. 훈련생은 훈련자의 화려한 언변이 아니라, 고난과 갈등 상황 속에서 훈련자가 드러내는 오래 참음과 자비, 양선의 열매를 보고 성령의 실재를 경험합니다. 훈련자가 성령의 열매를 100% 인정하고 그 열매를 맺으려 몸부림칠 때, 그 삶의 향기가 훈련생에게 그대로 전달됩니다.

성령의 열매를 인정하는 자는 하나님과의 관계에서 오는 수직적 기쁨을 먼저 누립니다. 이 내면의 평안이 충만한 훈련자만이 훈련생들의 연약함과 허물을 품어주는 수평적 사랑을 지속할 수 있습니다. 자기 힘으로 하는 사역은 곧 바닥을 드러내지만, 성령의 열매를 공급받는 사역은 마르지 않습니다. 그러므로 성령님이 주도하시는 제자훈련에서 훈련자가 성령의 열매를 온전히 인정하는 것은 필수입니다.

넷째, 성령님의 은사를 100% 인정하는 자입니다.

성령의 은사는 고린도전서 12장과 로마서 12장에 기록되어 있습니다.

고린도전서 12장 8-11절, "어떤 사람에게는 성령으로 말미암아 지혜의 말씀을, 어떤 사람에게는 같은 성령을 따라 지식의 말씀을, 다른 사람에게는 같은 성령으로 믿음을, 어떤 사람에게는 한 성령으로 병 고치는 은사를, 어떤 사람에게는 능력 행함을, 어떤 사람에게는 예언 함을, 어떤 사람에게는 영들 분별함을, 다른 사람에게는 각종 방언 말 함을, 어떤 사람에게는 방언들 통역함을 주시나니 이 모든 일은 같은 한 성령이 행하사 그의 뜻대로 각 사람에게 나누어 주시는 것이니라"

로마서 12장 6-8절, "우리에게 주신 은혜대로 받은 은사가 각각 다르 니 혹 예언이면 믿음의 분수대로, 혹 섬기는 일이면 섬기는 일로, 혹 가르치는 자면 가르치는 일로, 혹 위로하는 자면 위로하는 일로, 구 제하는 자는 성실함으로, 다스리는 자는 부지런함으로, 긍휼을 베푸 는 자는 즐거움으로 할 것이니라"

성령의 은사는 우리에게 꼭 필요하기 때문에 성령님께서 나누어 주 신 것입니다. 100% 값없이 거저 주시는 선물입니다. 오늘날 성령의 은 사를 별로 중요하게 생각하지 않는 분들도 있고, 성령의 은사를 선별 해서 이런 은사는 있고, 저런 은사는 없어졌다고 말하는 분들도 있습 니다.

은사는 개인의 영적인 만족이나 유익을 위해서 성령님이 주시는 것 이 아니라 그리스도의 몸 된 교회를 건강하게 바로 세우기 위해서 주 셨습니다. 나 혼자 잘되는 것보다 지체도 함께 잘되도록 도우라고 주신 것입니다. 공동체의 유익을 위해 주시는 것입니다.

또 은사는 선한 청지기로 봉사하도록 하기 위해서 주셨습니다. 우리가 하나님의 일을 대행하는 '청지기(Steward)'임을 깨닫게 하기 위해 은사를 주셨습니다. 하나님은 우리를 동역자로 부르셨고, 그 일을 감당할 수 있도록 '직무 수행 도구'로서 은사를 주신 것입니다. 그러므로 제자훈련을 통해서 자기의 은사를 발견하고 그 은사를 성령님이 주신 목적대로 잘 활용해야 합니다.

그런데 제자훈련을 시키겠다고 나서는 사역자들이 100% 성령의 은사를 다 인정해야 하는데 그렇지 못하고 있는 경우가 있습니다. 우선 고린도전서 12장에 나오는 지식의 말씀 은사, 병 고치는 은사, 방언의 은사, 통역의 은사, 예언의 은사, 능력 행함의 은사에 대해서는 부정적인 시각을 갖고 있고, 오해를 하고 있는 분들이 있습니다. 이런 마음과 자세로 제자훈련을 시키려고 한다면 성령님이 주도하시는 제자훈련이 가능해질까 염려가 됩니다. 이미 이 은사들은 성경에 다 기록되어 있고 이 은사들이 실제적으로 나타난 예가 성경에 기록되어 있습니다.

성경에서 말씀하고 있는 성령의 은사에 대해 100% 신뢰하지 못하는 현상이 오늘날 많은 사역자와 성도들 가운데도 나타나는데 이는 은사에 대한 믿음이 부족해서일 수도 있지만, 그보다는 신학적 배경, 부정적인 경험, 그리고 이성적인 사고가 복합적으로 작용하기 때문이라고 말할 수 있습니다.

신학적 입장(교단)에 따라 성령의 은사를 받아들이는 온도 차이가 매우 큰 것은 사실입니다. 모든 사역자가 성령님의 사역 자체를 부인하지는 않습니다.

성령님의 사역을 100% 인정(오늘날에도 모든 초자연적 은사가 유효하다는 믿음)하느냐에 대해서는 크게 세 가지 부류로 나뉩니다.

첫째, 은사 중지론적 입장입니다.(초자연적 은사를 인정 안 함)

주로 보수적인 개혁주의나 근본주의 진영의 목회자들 중 일부입니다. 사도 시대가 끝나고 성경(정경)이 완성되었으므로, 방언, 신유, 예언 같은 초자연적 은사는 더 이상 필요하지 않다고 봅니다. 한국의 대형 장로교 교단의 전통적 신학 교육을 받은 분들 가운데 여전히 상당수 존재합니다. 이분들에게 성령님의 사역은 주로 '말씀 깨닫기'나 '인격 변화'에 국한됩니다.

둘째, 온건한 지속론적 입장입니다.(선별적 인정)

가장 많은 수의 목회자가 이 지점에 머물러 있습니다. 성령님의 은사를 이론적으로는 인정하지만, 실제 사역 현장에서 나타나는 '무질서'나 '신비주의'를 경계합니다. 기도는 강조하지만, 치유나 방언 같은 은사가 겉으로 드러나는 것에는 거부감을 느끼거나 조심스러워합니다. 즉, 머리로는 인정하나 가슴(현장)으로는 100% 열려 있지 않은 상태입니다.

셋째, 은사 지속론 및 오순절적 입장입니다.

오순절 교단(순복음)이나 은사주의, 제3의 물결 영향을 받은 목회자들입니다. 초대교회의 은사는 오늘날에도 동일하게 나타나며, 제자훈련의 강력한 도구가 된다고 믿습니다. 성령님의 초자연적 권능을 제자훈련 사역의 핵심 동력으로 삼습니다.

과거에는 이런 세 가지의 입장이 분명하게 달랐지만 요즘에 와서 입장 차이의 간격이 점점 좁혀지는 것을 볼 수 있습니다. 그 이유는 이러한 관점들의 근거를 좀 더 성경적으로 객관적으로 깊이 있게 찾아보고 연구하는 작업들이 젊은 목회자들을 중심으로 일어나고 있기 때문입니다. 또 하나의 이유는 부정적으로 생각했던 은사들을 목회자 자신들도 실제적으로 체험하는 일들이 일어나기 때문입니다.

성령님이 주도하시는 제자훈련을 하려고 하는 훈련자들은 지금까지 갖고 있던 나의 생각과 견해들을 내려놓고 성경의 관점에서, 그리고 성경의 저자이신 성령님의 관점에서 이러한 은사들을 다시 살펴보는 것이 꼭 필요합니다.

이번에는 성령님의 은사를 100% 인정하지 못하고 선별적으로 인정하는가에 대한 실질적인 이유를 살펴봅시다.

첫째, 은사의 '오남용'에 대한 부정적 경험 때문입니다.

가장 큰 이유는 과거에 은사를 앞세워 무질서하게 행동하거나, 남을 정죄하거나, 심지어 이단적인 행태를 보였던 사람들을 목격했기 때문입니다. 은사주의자들이 인격적으로 미성숙한 모습을 보이거나 교회 질서를 어지럽히는 것을 보면, '은사는 위험한 것'이라는 방어기제가 작동하게 됩니다. 그래서 가짜에 대한 거부감이 '진짜' 성령의 역사까지 의심하게 만듭니다.

둘째, 은사 중지론과 같은 신학적 영향 때문입니다.

일부 신학 전통에서는 성경이 완성된 후(사도 시대 이후)에는 기적이나 방언 같은 초자연적인 은사들이 중지되었다고 가르칩니다. '오늘날 일어나는 기적은 심리적인 현상일 뿐이다'라고 교육받은 경우, 성령님의 권능을 이론적으로는 인정해도 실제 사역 현장에서 나타나는 것은 믿기 힘들어집니다.

셋째, 현대의 '합리주의와 이성 중심'의 사고방식 때문입니다.

우리는 과학과 논리가 지배하는 시대에 살고 있습니다. 눈에 보이고 증명되는 것만 믿으려는 습관이 영적인 영역에서도 그대로 나타납니다. 제자훈련을 체계적인 '교육 프로그램'으로만 이해하며, 성령의 초자연적인 개입(치유, 영 분별, 예언 등)을 비과학적이라고 느끼며 거부감을 갖게 됩니다.

넷째, 자기 통제권을 잃는 것에 대한 두려움 때문입니다.

성령의 은사가 강력하게 나타나는 현장은 인간 사역자가 상황을 완전히 통제할 수 없게 된다는 두려움이 있습니다. 사역자가 계획한 대로 훈련이 진행되어야 안심하는 성향이 강할수록, 성령의 역사가 자유롭게 일어나는 것을 본능적으로 두려워하고 밀어낼 수 있습니다.

다섯째, '은사'와 '인격'의 괴리에서 오는 실망감 때문입니다.

능력은 출중한데 삶이 엉망인 사역자나 제자들을 볼 때, 은사 자체의 신빙성을 의심하게 됩니다. '성령님이 정말 주신 은사라면 저 사람

의 인격이 저럴 수 있나?'라는 의문이 생기면서, 은사 자체를 성령의
역사가 아닌 인간의 조작이나 심리적 흥분으로 치부하게 됩니다.

그러므로 최소한 성령님이 주도하시는 제자훈련에 참여하려는 사역
자들은 '분별과 수용의 균형'이 필요합니다. 사역자들이 은사에 대해
100% 믿지 못하는 마음이 드는 것은 거짓에 속지 않으려는 거룩한 경
계심일 수 있습니다만, 성경은 우리에게 이렇게 권면합니다.

데살로니가전서 5장 19-22절, "성령을 소멸치 말며 예언을 멸시치 말
고 범사에 헤아려 좋은 것을 취하고 악은 모든 모양이라도 버리라"

교회 안에 은사로 인해 여러 문제들이 생기고, 이로 인해 은사에 대
한 부정적인 시각이 늘어날 때가 있었습니다. 이 문제 때문에 답답해
서 하나님께 기도할 때, 하나님께서 이런 응답을 주신 적이 있었습니
다. "구더기 무서워서 장 못 담그니? 네가 구더기 안 생기도록 하는 방
법을 알려주면 되지 않니?"

'구더기 무서워서 장 못 담그랴'라는 속담은 어떤 일을 하려고 할 때
생길 수 있는 사소한 장애물이나 부작용이 두려워, 정작 중요한 본질
적인 일을 포기해서는 안 된다는 뜻입니다.

하나님께서 저에게 '네가 제자훈련을 시키는 사역자인데 네가 구더
기 생기지 않는 법을 알려주면 되지 않니?'라고 말씀을 하신 그때부터

저는 보수적인 장로교 목사인데도 불구하고 은사에 대해서 신학적, 교리적, 교단적 배경을 뛰어넘어, 성경을 근거로 하여 은사를 공부하고 연구하기 시작했고, 성경에서 말하는 성령님이 나누어 주시는 은사가 나에게 다 필요한 은사인데 그 은사들을 달라고 간구하기 시작했습니다.

'하나님, 저에게 은사들을 주시고, 이 은사들에 대해서 성경적으로 올바로 이해하고 알게 하셔야만 은사 문제로 고민하는 목회자들과 은사 문제 때문에 실족하고 배척을 당하고 있는 성도들과 은사자들을 바로 돕고 바른길로 인도하고 지도할 수 있지 않습니까?' 하고 기도하고 노력할 때 하나님께서 그렇게 할 수 있도록 많은 것을 허락하셨습니다.

특히 이 부분에서 저에게 많은 도움을 준 책은 『신약성경이 가르치고 지금도 사용되는 예언의 은사』인데 이 책을 쓴 '웨인 그루뎀'은 하버드 대학교에서 학사, 웨스트민스터 신학대학원에서 목회학 석사, 영국 케임브리지 대학교에서 신약학 전공으로 '고린도전서에 나타난 은사 연구'로 박사 학위를 받았습니다. 그는 침례교 목사이며 트리니티 복음주의 신학교에서 성서학과 조직신학 학과의 학과장 겸 겸임교수로 일했으며, 현재 피닉스 신학대학원 교수로 있습니다.

이분은 성령의 은사를 강조하는 순복음 계열이거나 제3의 물결 및 빈야드 계열이 아니라 철저한 개혁주의 전통에 서 있는 성경의 무오성과 하나님의 절대 주권을 강조하는 보수적인 신학자입니다. 이분은 현대 복음주의 신학계에서 가장 영향력 있는 인물 중 한 명으로, 그의 신학적 배경은 '개혁주의 신학'과 '성령론적 개방성'이라는 두 축으로 요약됩니다.

이분의 책을 읽으면서 성경에 기록된 은사 중에서 특히 예언의 은사를 오해와 편견 없이 성경적으로 잘 이해할 수 있게 되었습니다. 꼭 한 번 읽어 보시라고 추천하고 싶습니다.

◀ 18장 요약 ▶

제자훈련의 진정한 주관자는 사람이 아닌 성령님이십니다. 성령님은 직접 제자를 훈련시키기도 하시며, 때로는 사람(훈련자)을 세워 그 일을 대행하게 하십니다. 따라서 훈련자는 자신이 주도권을 쥐려 하기보다 성령님이 불러 시키는 일에 순종하는 '도구'가 되어야 합니다.

그러므로 훈련자는 성령님을 단순한 에너지가 아닌, 성부·성자와 동일한 권세와 능력을 지닌 삼위일체 하나님으로 믿고 경외해야 합니다. 성경에 나타난 성령님의 모든 신적 사역(창조, 구원, 가르침 등)을 인정해야 합니다. 특히 '예수의 이름'을 선포할 때 성령님이 그 권세를 실제적 능력(치유, 기적 등)으로 집행하시는 분임을 신뢰해야 합니다. 제자훈련의 성패는 지식이 아닌 '성품의 변화(열매)'에 있습니다. 훈련자가 먼저 열매 맺는 삶을 보여 줄 때 생동감 있는 제자훈련이 이루어집니다.

　성경은 우리에게 성령의 은사를 간절히 사모하라고 권면하는 동시에, 그것이 참으로 하나님께로부터 온 것인지 분별할 것을 명령합니다. 성경적 판단에 의한 분별이 끝났다면, 하나님이 주신 선물로서 겸손하게 수용해야 합니다.

　성령의 은사는 공동체의 유익과 청지기적 사명을 위해 주신 선물입니다. 신학적 편견이나 과거의 부정적 경험 때문에 은사를 제한하지 말고, 성경적 원리 안에서 모든 은사를 개방적으로 수용해야 합니다.

　훈련자는 분별과 수용의 균형적인 자세를 취해야 합니다. 은사의 오남용이 두렵다고 해서 본질적인 은사 사역을 포기해서는 안 됩니다. 훈련자는 철저한 성경적 연구와 기도를 통해 은사를 바르게 지도하고 사역에 활용할 책임이 있습니다.

▩ 질문 ▩

1. 성령님이 주도하시는 제자훈련에서 성령님과 사역자의 올바른 관계 설정은 무엇입니까?

2. '예수의 이름'과 '성령님의 역사'를 설명하기 위해 인용한 R.A. 토레이의 비유는 무엇입니까?

3. 훈련자(사역자)가 성령의 은사를 100% 인정해야 하는 가장 큰 이유는 무엇입니까?

"그러므로 누구든지 이런 것에서 자기를 깨끗하게 하면 커히 쓰는 그릇이 되어

거룩하고 주인의 쓰심에 합당하며 모든 선한 일에 준비함이 되리라"

- 디모데후서 2장 21절 -

한국 교회의 제자훈련이
앞으로 나아가야 할 방향

옥한흠 목사님의 한국 교회 제자훈련에 대한 안타까운 외침을 우리는 심령에 깊이 있게 새겨야 할 때입니다.

"주여 지금이야말로 이와 같은 당신의 개입이 필요할 때입니다."

"나는 제자훈련하는 현장에도 이런 성령의 기름 부음이 일어나기를 사모한다."

"일이 년 동안 진액을 쏟아 제자훈련을 시키지만 사람이 별로 달라지지 않는 것을 볼 때마다, 또는 수십 명 수백 명이 제자훈련을 받았지만 냉랭한 분위기만 가득한 교회를 볼 때마다 우리는 자주 절망한다. 어찌 부르짖지 않겠는가, 주여, 부흥을 주옵소서. 성령이여, 제자훈련을 당신이 직접 하옵소서."

앞으로 제자훈련이 나아가야 할 방향을 말씀드리겠습니다.

첫째, 이제는 '지식 전달형' 또는 '프로그램 중심'의 제자훈련에서 벗어나야 합니다.

성령님이 주도하시는 제자훈련은 성경 지식을 늘려가는 것이 목적이 아닙니다. 공장에서 물건을 만드는 공정이 톱니바퀴처럼 착착 맞아 돌아가서 물건이 나오는 것처럼, 제자훈련도 프로그램이 차질 없이 잘 돌아가서 좋은 훈련생이 나오는 것이 아닙니다.

사역자들은 어느 교회 제자훈련 커리큘럼이 좋은가? 어느 교재가 좋은가? 관심을 갖고 살핍니다. 제자훈련을 잘 하는 교회의 커리큘럼을 모방하고, 동일한 교재를 사용합니다. 그러나 저의 경험에 의하면, 좋은 교재와 커리큘럼만으로 사람의 인격과 삶이 원하는 수준까지 변화되기는 힘들었습니다. 제자훈련생들의 유기적인 역동성을 회복시키는 데 한계가 있습니다.

'인격적 변화'와 '유기적 역동성 회복'이 목표가 되어야 합니다. '유기적 역동성'이란, 어떤 조직이나 체계가 기계처럼 정해진 매뉴얼에 따라 돌아가는 것이 아니라, 살아 있는 생명체처럼 환경에 반응하며 스스로 성장하고 상호작용하는 힘을 의미합니다.

제자훈련에서 유기적 역동성이란, 훈련생들이 그리스도 안에서 한 몸처럼 끈끈하게 연결되어(유기적), 그 관계 속에서 성령님이 주시는 생명력과 변화의 에너지(역동성)가 활발하게 일어나는 상태를 말합니다. 제자훈련을 이런 관점에서 바라보면, 제자훈련을 왜 성령님이 주도하셔야 하는가가 훨씬 명확해집니다. 성령님은 개별적인 존재들을 하나의 생명 공동체로 결합시키는 유기적 '접착제'이자 '생명수'와 같습니다.

고린도전서 12장 12-13절, "몸은 하나인데 많은 지체가 있고 몸의 지체가 많으나 한 몸임과 같이 그리스도도 그러하니라 우리가 유대인이나 헬라인이나 종이나 자유인이나 다 한 성령으로 세례를 받아 한 몸이 되었고 또 다 한 성령을 마시게 하셨느니라"

성령님의 역사는 기계적인 조립이 아니라, 마디와 지체가 유기적으로 소통하며 '스스로' 자라나게 하는 동력입니다.

에베소서 4장 15-16절, "오직 사랑 안에서 참된 것을 하여 범사에 그에게까지 자랄지라 그는 머리니 곧 그리스도라 그에게서 온 몸이 각 마디를 통하여 도움을 받음으로 연결되고 결합되어 각 지체의 분량대로 역사하여 그 몸을 자라게 하며 사랑 안에서 스스로 세우느니라"

둘째, '커리큘럼, 교재 중심'에서 '성령님의 가르치심 중심'으로 나아가야 합니다.

지금까지의 제자훈련이 정해진 커리큘럼에 의해, 교재를 끝내는 '과정' 중심이었다면, 앞으로는 제자훈련에서 성령님이 가르치시고, 제자훈련을 통해 말씀하시는 성령님의 음성을 듣고, 삶의 현장에서 성령님과 동행하고 성령님의 말씀대로 사는 방향으로 제자훈련이 나아가야 합니다. '제자훈련 교재를 다 뗐는가?'가 아니라 '오늘도 성령님께 순종했는가?'가 제자훈련의 척도가 되어야 합니다.

‘교재 중심’이란 정해진 시간에 준비된 내용을 빠짐없이 가르치는 것에 집중합니다. 훈련생이 정답을 말하면 ‘공부를 잘했다’고 판단하고 다음 단계로 넘어갑니다. 그러나 ‘성령님의 가르치심 중심’은 교재의 내용을 도구 삼아, 성령님께서 지금 이 훈련생의 심령에 어떤 가르침을 주고 계신지에 집중합니다. 지식을 머리에 채우는 것이 아니라, 그 가르침이, 훈련생으로 하여금 자기 가슴을 치고 삶이 변화되도록 성령님을 의지하게 하는 것입니다.

‘교재 중심’은 12주 혹은 1년이라는 정해진 코스를 마치는 것이 목표입니다. 진도를 나가는 것이 중요하기 때문에 훈련생의 내면적 갈등이나 영적 성장이나 흐름이 막혀서 발전하지 못하고 멈춰 있는 영적 정체(停滯)를 깊이 다루지 못하고 지나칠 때가 많습니다. 그러나 ‘성령님의 가르침 중심’은 훈련 도중 성령님께서 강력하게 역사하셔서 가르치실 때 특히 죄 문제를 비롯한 예민한 것들을 다루기 원하실 때는 진도를 잠시 멈출 수 있는 지혜를 가집니다. 성령님이 역사하시는 ‘결정적인 순간(카이로스)’을 포착하여 그분 마음껏 가르치시고 고치시도록 자리를 내어드리는 것입니다.

‘교재 중심’은 훈련자는 교재 내용을 완벽히 숙지하고 관련 자료를 많이 준비하는 데 에너지를 쏟습니다. 질문에 대한 정답을 가르쳐 주는 ‘선생’의 역할에 머물기 쉽습니다. 그러나 ‘성령님의 가르침 중심’은 준비는 철저히 하되, 현장에서는 성령님의 세밀한 가르치심에 귀를 기울입니다. 훈련생의 표정, 말투, 침묵 뒤에 숨겨진 영적 상태를 성령님의 가르치심과 알려 주심으로, 그 순간 성령님이 원하시는 '맞춤 질문'을 던지는 '영적 길잡이'의 역할을 수행합니다.

'교재 중심'은 잘 짜인 프로그램과 시스템이 사람을 변화시킬 것이라고 믿습니다. 시스템이 돌아가는 것에 안도감을 느낍니다. '성령님의 가르침 중심'은 시스템은 뼈대에 불과하며, 그 안에 생기를 불어넣으시는 분은 성령님임을 고백합니다. 훈련생들이 서로의 삶을 진실하게 나누고, 그 나눔 속에 성령님의 가르쳐 주심으로 서로를 세워 가는 '유기적인 역동성'이 살아나도록 돕습니다.

셋째, 제자훈련의 주도자가 '인간 교사 중심'에서 '성령님 중심'으로 나아가야 합니다.

훈련자가 성경적 지식이 뛰어나고, 제자훈련의 경험이 많아서 능수능란하게 제자훈련을 한다고 해서 제자훈련이 성공하는 것은 아닙니다. 제자훈련으로 유명한 교회에서 오랫동안 제자훈련을 해 왔다고 해서 제자훈련의 성공을 보장하는 것이 아닙니다.

도리어 그러한 지식과 경험보다는 성령님의 주도권을 인정하고 그분이 제자훈련을 하시도록 자리를 내어드리고 자기는 보조자로 서는 훈련자가 제자훈련을 잘하는 사역자요 그분이 하는 제자훈련은 성공할 수가 있습니다.

물론 앞에서 말씀드린 대로 가르치거나 훈련시키는 사역자가 없어도 성령님이 직접 훈련자가 되셔서 훈련을 시키시기도 합니다. 다시 한 번 강조합니다. 우리는 이것을 인정해야 합니다. 그래야만 성경에서 말하고 있는 성령님의 사역을 온전히 인정하는 것이 됩니다.

그러나 성령님은 인간 훈련자를 세워서 제자훈련을 하게 하시기도 합니다. 그렇게 하기 위해서는 훈련자가 '성령충만한 자'여야 합니다. 전적으로 성령님의 인도를 받아야 합니다. 그래야만 그것이 성령님이 주도하시는 제자훈련이 될 수 있고, 성령님이 원하시는 제자훈련의 풍성한 열매가 맺어질 수 있습니다.

'인간 교사 중심'은 훈련자가 모든 상황을 통제하고 이끌어 가야 한다는 부담감을 가집니다. 자신의 지식과 경험, 강의 실력으로 훈련생을 변화시키려 노력합니다. 결과가 좋지 않으면 훈련자가 자책하거나 훈련생을 다그치게 됩니다. '성령님 중심'은 훈련자는 자신을 성령님이 사용하시는 '통로'이자 '도구'로 정의합니다. "사람을 변화시키는 분은 오직 성령님뿐이다"라는 사실을 겸손히 인정하고, 매 순간 성령님의 간섭과 통치를 구하며 사역에 임합니다.

'인간 교사 중심'은 준비한 교재의 내용을 막힘없이 전달하는 '가르침'에 치중합니다. 정답을 알려 주고 그것을 외우게 하는 것이 교육의 목표가 되기 쉽습니다. 그러나 '성령님 중심'은 성령님께서 각 훈련생의 마음속에 진리를 깨닫게 하시는 '조명(照明) 사역'이 일어나도록 하십니다. 훈련자는 답을 주는 사람이 아니라, 훈련생이 성령님의 음성을 스스로 듣도록 '질문'하고 '기다려 주는' 조력자가 됩니다.

'인간 교사 중심'은 훈련생의 겉모습이나 신앙 경력 등 외적인 데이터만 보고 그들을 판단합니다. 일반적인 상담 기법이나 교육 방법론으로 처방을 내립니다. '성령님 중심'은 성령님이 주시는 '지혜의 말씀'과 '지식의 말씀'의 은사를 신뢰합니다. 인간의 눈으로는 보이지 않는 훈련생 내면의 쓴 뿌리나 숨겨진 죄악, 상처를 성령님의 통찰력으로 분별하게 됩니다. 이를 통해 인간적인 조언이 아닌, 그 영혼을 살리는 성령님의 처방을 전달합니다.

'인간 교사 중심'은 제자훈련을 마친 후 성경 지식은 해박해졌으나 삶의 변화가 없는 '종교 전문가'를 배출할 위험이 큽니다. 머리만 커진 제자는 교만해지기 쉽습니다. '성령님 중심'은 성령의 능력을 경험한 훈련생은 삶의 현장에서 예수 그리스도를 보여 주는 '살아 있는 증인'이 됩니다. 지식을 넘어 성령의 열매(인격의 변화)와 성령의 은사(사역의 능력)가 나타나는 참된 제자로 세워집니다.

이러한 변화를 위해 훈련자에게 가장 필요한 것은 '영적 민감함'입니다. 교재의 진도를 나가는 속도보다, 지금 이 순간 성령님이 훈련생의 마음속에서 어떤 일을 하고 계시는지 파악하는 영적 안테나를 높이는 것이 '성령님 중심 제자훈련'의 시작입니다.

넷째, '인위적 통제'에서 '성령님의 인도' 중심으로 나아가야 합니다.

'인위적 통제'란 자연스러운 흐름이나 자율성을 무시하고, 사람의 의도나 계획에 따라 강제로 상황을 조절하거나 억누르는 것을 의미합니다. 제자훈련도 마찬가지입니다. 제자훈련에서 훈련자의 훈련생에 대한 인위적 통제가 가해지면 큰 일이 발생하게 됩니다. 제자훈련은 훈련자가 훈련생들을 인위적으로 통제하여 '복제'하는 것이 아니라, 성령님이 각 사람에게 맞게 인도하시고 각 사람에 맞는 감동을 주셔서 제자훈련이 각 사람에게서 꽃피우고 열매 맺게 돕는 방향으로 가게 합니다.

'복제'라는 말은 동일한 유전 정보를 가진 생명체나 세포를 인위적으로 만드는 것을 말합니다. 제자훈련도 마찬가지가 될 수 있습니다. 훈련자가 훈련생을 자신의 성격, 말투, 사역 스타일과 똑같게 만들어 버리는 '인격적 복제'를 할 수 있다는 말입니다.

성령님이 각 훈련생에게 주신 고유한 개성과 은사를 무시하고, 특정 훈련자의 '붕어빵'으로 만드는 결과를 초래할 위험성이 있습니다. 제자훈련을 통해서 예수님을 닮은 제자를 키워야 함에도 불구하고 의도하지는 않았지만 이런 부분에 철저히 신경을 쓰지 못하고 제자훈련을 하게 되면 그렇게 될 수 있다는 말입니다. 참 무서운 말입니다.

'인위적 통제'는 훈련자가 미리 설계한 시나리오대로 분위기를 끌고 가려 합니다. 훈련생의 돌발적인 질문이나 감정 표현이 진도에 방해가 된다고 느끼면 이를 억제하거나 통제합니다. 훈련의 성패가 사역자의 리더십과 장악력에 달려 있다고 믿습니다. '성령님의 인도 중심'은 훈련 현장을 성령님이 인도하시는 바다로 인정합니다. 훈련자는 키를 잡고 있지만, 배를 움직이는 것은 '인도자 성령님'이심을 고백합니다. 때로는 계획에 없던 눈물의 회개나 깊은 나눔이 터져 나올 때, 이를 통제하는 대신 성령님께서 감동, 위로, 권면, 회개케 하심을 통해 공동체를 만지시도록 흐름을 성령님께 맡깁니다.

'인위적 통제'는 과제 체크, 출석 관리, 생활 규칙 준수 등 외적인 행동을 교정하는 데 집중합니다. 규칙을 잘 지키면 '좋은 제자'라고 평가하는 경향이 있습니다. 이는 자칫 율법적인 훈련이 될 위험이 있습니다. '성령님 인도 중심'은 각 훈련생 안에 심겨진 성령의 은사를 발견하고 활성화하는 데 집중합니다. 훈련은 단순히 훈련생의 단점을 고치는 과정이 아니라, 하나님이 훈련생에게 주신 고유한 강점과 가르침, 구제, 다스림 등의 은사를 깨우는 과정입니다. 훈련생이 자신의 은사를 깨달을 때, 억지로 하는 복종이 아닌 기쁨으로 응답하는 자발적 사역이 시작됩니다.

'인위적 통제'는 훈련자는 교재에 기록된 정답만을 유도합니다. 훈련생의 대답이 정답에서 벗어나면 즉각 교정하며 훈련자의 지식 안에 가둡니다. 그러나 '성령님의 인도 중심'은 훈련자가 인간적인 추론(통제)으로 훈련생을 판단하지 않고, 성령님이 깨닫게 하시는 통찰력을 통해 문제의 본질을 꿰뚫어 봅니다. 훈련자의 예리한 질문 하나가 훈련생의 숨겨진 상처를 치유하고 본질적인 변화를 이끌어 내는 좋은 도구가 됩니다.

'인위적 통제'는 모든 훈련생을 훈련자가 원하는 특정한 틀(이미지)에 맞춰 찍어 내려 합니다. 똑같은 대답을 하고 똑같은 행동 양식을 가진 사람들을 만드는 것이 성공적인 훈련이라 착각할 수 있습니다. '성령님의 인도 중심'은 성령 안에서 훈련생 한 사람에 주신 성령의 은사의 다양성을 존중합니다. 훈련생 개개인의 개성과 성령님이 주신 고유한 색깔을 살려 주며, 그들이 유기적으로 연결되어 그리스도의 몸을 이루게 합니다. 훈련이 끝난 후 각자가 서로 다른 영역에서 다양한 은사로 세상을 섬기게 하는 것이 목적입니다.

제자훈련이 '인위적 통제'에서 '성령님의 인도' 중심으로 나아가야 한다는 것은 무계획적, 추상적, 무질서로 가자는 것이 아닙니다. 성령님의 인도는 아주 분명하고 정확하고 질서가 있습니다. 실수가 없습니다. 인위적 통제는 겉으로는 질서 있어 보이나 생명력이 없을 수 있습니다. 반면, 성령님의 인도 중심의 훈련은 훈련자가 볼 때 때로는 눈에 보이는 어떤 효력이 확 나타나지 않아 보이지만 그 안에 사람을 살리고 회복시키는 강력한 생명의 힘이 흐릅니다. 훈련자는 통제자가 아니라 성령님의 인도하심을 흐르게 하는 통로가 되어야 합니다.

다섯째, 제자훈련생들을 '교회 안 사역자'에서 '세상 속 선교적 제자'로 내보

내는 방향으로 나아가야 합니다.

물론 제자훈련을 마친 분들은 대부분 교회 안의 일꾼으로 파송해서 사역을 하게 하는 것도 중요합니다. 교회도 훈련된 좋은 일꾼이 많이 필요합니다. 그러나 우리는 시야를 넓혀서 예수님께서 승천하시기 전, 제자들과 오늘날의 모든 그리스도인에게 주신 최고의 명령이자 선교적 사명인 마태복음 28장 19-20절의 '지상대명령'을 다시 한 번 생각해 보아야 합니다.

'교회 안 사역자 양성'은 제자훈련의 결과가 교회 내 직분을 맡거나, 교회 안의 프로그램(주일학교 교사, 성가대, 순장 등)을 운영하는 데 집중됩니다. 성도들의 열정과 에너지가 교회 내부 시스템을 유지하는 데 소모되기 쉽습니다. '세상 속 선교적 제자 양성'은 교회는 '훈련소'이며, 세상이 '사역지'임을 깨닫게 합니다. 월요일부터 토요일까지 머무는 가정, 직장, 학교, 지역사회가 바로 선교의 현장입니다. 제자훈련은 성도들이 각자의 삶의 자리에서 어떻게 그리스도인답게 살며 복음의 영향력을 미칠 것인지 고민하게 만드는 과정이어야 합니다.

'교회 안 사역자 양성'은 잘 훈련된 성도들이 교회 안에만 머물러 있으면, 교회는 영적으로 비대해지지만 세상에 대한 영향력은 잃어버리는 '게토(Ghetto)화' 현상이 나타납니다. '게토(Ghetto)화 현상'이란 특정 집단이 주류 사회와 단절되어 자신들만의 폐쇄적인 공동체에 갇히는 현상을 말합니다. 훈련생들이 우리만의 은혜에만 심취하여, 세상 속으로 나아가지 않고 자기들만의 언어와 문화에 갇히게 됩니다.

'세상 속 선교적 제자 양성'은 성도들을 '세상으로 보낸다'는 의식을 강화합니다. 이들은 주일에 모여 예배하며 힘을 얻고, 평일에는 각자의 영역으로 흩어져 그리스도의 편지와 향기로 살아가는 '선교적 교회(Missional Church)'의 주역이 됩니다. 제자훈련은 그들이 세상이라는 거친 현장에서 승리할 수 있도록 영적 무장을 시키는 과정입니다.

'교회 안 사역자 양성'은 성도가 가진 전문성이나 은사를 교회 내부 행정이나 관리 업무에만 주로 사용합니다. '세상 속 선교적 제자 양성'은 성도가 가진 직업적 전문성과 은사가 곧 '하나님의 선교(Missio Dei)'를 위한 도구임을 가르칩니다. 비즈니스 현장에서는 정직한 경영자로, 학교에서는 사랑의 교육자로, 예술의 현장에서는 아름다움의 전달자로 살아가며 사회 각 영역에 하나님 나라의 가치를 심는 것입니다. 이것이 진정한 의미의 '생활 선교사'입니다.

훈련자는 이제 훈련생들을 바라볼 때 '이분이 우리 교회에서 어떤 일을 잘할까?'라는 질문을 넘어, '이분이 보냄 받은 세상의 영역에서 어떻게 하나님의 통치를 나타낼까?'를 질문해야 합니다.

제자훈련은 교회라는 성벽을 쌓는 과정이 아니라, 세상을 향해 생명수를 흘려보내는 통로를 파는 작업이 되어야 합니다. 훈련생이 훈련을 마치고 세상으로 나갈 때, 훈련자는 그를 '떠나보내는 것'이 아니라 '선교지로 파송하는 것'임을 잊지 말아야 합니다.

여섯째, '지적 동의'에서 '능력과 치유'의 체험으로 나아가야 합니다.

'지적 동의'는 성경 공부를 통해 기독교 교리를 이해하고 그것이 '맞다'라고 인정하는 단계입니다. 하지만 여기에는 위험성이 있습니다. 하나님에 '관하여'는 많이 알지만, 하나님을 '인격적으로' 경험하지 못할 수 있습니다. 머리로는 사랑해야 함을 알지만, 실제 삶에서 원수를 사랑할 힘이 없습니다. 신앙을 하나의 '철학'이나 '논리'로 취급하게 되어, 삶의 실제적인 문제 앞에서는 무력해지게 됩니다. 그러므로 제자훈련이 지적 동의 즉 아는 것으로 끝나서는 안 됩니다.

성령님이 주도하시는 제자훈련은 훈련생의 내면에 숨겨진 '쓴 뿌리'와 '상처'를 다룹니다. 제자가 되기 위해서는 먼저 죄와 상처로부터 치유받아야 합니다. 성령의 조명 아래 과거의 아픔이 해석되고, 용서와 화해가 일어나는 과정이 제자훈련에 포함되어야 합니다.

히브리서 12장 15절, "너희는 하나님의 은혜에 이르지 못하는 자가 없도록 하고 또 쓴 뿌리가 나서 괴롭게 하여 많은 사람이 이로 말미암아 더럽게 되지 않게 하며"

'수고하고 무거운 짐 진 자들아 다 내게로 오라'는 말씀이 지식이 아닝, 실제로 내 마음의 무거운 짐이 벗겨지는 '사건'이 되어야 합니다. 치유된 제자가 비로소 타인을 치유하는 사역자로 설 수 있기 때문입니다.

'지적 동의'는 성경 말씀이 옳다는 것을 논리적으로 수긍하는 단계입니다. '하나님은 사랑이시다', '예수님은 치료자이시다'라는 명제를 지식으로 받아들이지만, 그것이 내 삶의 고통과 직접 연결되지는 않습니다. 그러나 '능력과 치유'는 말씀이 지식을 넘어 내 삶에 실제적인 사건으로 다가오는 단계입니다. 절망적인 상황에서 하나님의 평강이 나를 압도하는 '능력'을 경험하고, 억눌렸던 마음의 쓴 뿌리가 뽑혀 나가는 '치유'를 직접 체험하는 것입니다.

'지적 동의'는 사역자가 교재의 내용을 얼마나 잘 설명하고 이해시키느냐에 집중합니다. 훈련생이 '이해가 잘 됩니다'라고 말하면 훈련이 성공적이라고 생각하기 쉽습니다. '능력과 치유'는 사역자는 성령님께서 훈련생의 심령을 만지시도록 자리를 내어드리는 '영적 조력자'가 됩니다. 훈련 도중 성령님의 강력한 임재로 인해 훈련생이 자신의 죄를 자복하고, 깊은 내면의 상처가 치유되는 역사를 기대하며 기도합니다.

'지적 동의'는 제자훈련을 많이 받을수록 성경 지식은 많아지지만, 정작 삶의 위기 앞에서는 무기력한 '종교 귀족'이 될 위험이 있습니다. '능력과 치유'는 복음의 능력을 체험한 제자는 영적 야성(野性)을 가집니다. 기도를 통해 질병이 떠나가고, 깨졌던 관계가 회복되며, 중독과

악습에서 자유케 되는 능력을 맛보았기에 세상 속에서도 담대하게 복음을 선포하는 '사역의 주체'로 서게 됩니다.

'지적 동의'는 훈련 시간의 나눔이 주로 '오늘 무엇을 배웠는가?'에 그칩니다. '능력과 치유'는 나눔의 내용이 '하나님이 나를 어떻게 만지셨는가?'라는 생생한 간증으로 바뀝니다. 한 훈련생의 치유 체험은 다른 훈련생들에게 영적 전염력을 발휘하며, 소그룹 전체를 하나님의 살아 계심을 증언하는 역동적인 공동체로 탈바꿈시킵니다.

이 방향으로 나아가기 위해서는 훈련자가 먼저 '성령님의 능력에 붙들린 사람'이 되어야 합니다.

> 고린도전서 2장 4절, "내 말과 내 전도함이 설득력 있는 지혜의 말로 하지 아니하고 다만 성령의 나타나심과 능력으로 하여"

훈련자가 지식의 전달을 넘어 훈련생의 영혼을 품고 간절히 기도하며 성령님의 나타나심을 구할 때, 제자훈련 현장은 이론을 배우는 강의실이 아니라 하늘의 능력이 부어지는 치유의 현장이 될 것입니다.

일곱째, 훈련자는 '가르치는 자'에서 '순종하는 자'로 나아가야 합니다.

제자훈련을 하는 훈련자가 이제는 먼저 자신이 말씀에 순종하는 자가 되어야 합니다. 훈련자가 제자훈련을 통해서 훈련생에게 가르치려고 하고 그들을 통제하려는 욕심을 내려놓고, 자신이 제자훈련 현장에서 성령님께서 하시는 말씀을 먼저 듣고 순종하는 '영적인 민감성'을 가져야 합니다.

지식의 축적을 목표로 하는 것이 아니고 훈련생들이 예수님의 제자로 태어나도록 영적인 해산을 하는 산모로서의 자세를 가져야 합니다.

> 갈라디아서 4장 19절, "나의 자녀들아 너희 속에 그리스도의 형상을 이루기까지 다시 너희를 위하여 해산하는 수고를 하노니"

제자훈련 교재를 뗄 때는 속도보다 성경 말씀 한 구절이라도, 교재의 한 문제에서라도 성령님의 조명 아래 삶이 변화되는 '인격적 사건'이 일어나는지에 집중해야 합니다. 제자훈련을 하다 보면 한 과에 열 문제가 있다고 하면, 어떤 때는 절반밖에 못 했는데도, 성령님의 역사와 감동이 제자훈련생을 사로잡을 때가 있습니다. 그때는 그 시간에 한 과 전체를 다 할 필요가 없습니다. 그 사람에게, 또는 훈련생 전체에게 역사하는 성령님께 모든 것을 내어 드리는 것이 좋습니다. 한 문제, 또는 한 성경 구절을 통해서 훈련생의 마음에 도전을 주고 깨달음을 주고 회개함을 주시는 성령님의 역사로 그날 놀라운 변화가 나타나기도 합니다. 1년 과정을 다해야 나타난다고 생각할 수 있는 변화가 그 짧은 시간에 나타날 수 있습니다.

훈련자는 제자훈련 하면서 항상 성령님께 민감하고 이 시간 성령님이 무엇을 가르치시기를 원하고, 무엇을 하기를 원하시는지를 깨닫고 그대로 순종하기만 하면 됩니다.

'가르치는 자'는 자신이 가진 지식과 정보를 전달하는 데 집중할 수 있습니다. '내가 배운 것을 당신들도 배우라'는 태도를 보이기 쉽습니다. 이때의 권위는 '직분'이나 '지식'에서 나옵니다. '순종하는 자'는 자신이 먼저 말씀에 굴복하는 모습을 보여 줌으로써 권위를 얻습니다. "나를 본받으라"고 했던 사도 바울처럼, 훈련생들은 훈련자의 화려한 언변이 아니라, 말씀 앞에 즉각적으로 순종하는 삶의 뒷모습을 보며 가장 큰 훈련을 받습니다.

'가르치는 자'는 훈련생들의 진도와 과제를 점검하고 통제하는 관리자의 역할을 수행합니다. 훈련생들보다 '우월한 위치'에 서서 그들을 끌고 가려고 합니다. '순종하는 자'는 성령님의 주권 앞에 훈련생과 동일하게 무릎 꿇는 동역자가 됩니다. 훈련자 역시 성령님의 인도를 받아야 하는 연약한 존재임을 고백하고, 자신도 말씀 앞에서 어떻게 씨름하며 순종하고 있는지를 솔직하게 나눕니다. 이러한 연약함의 나눔이 훈련생들의 마음을 열고 진정한 변화를 이끌어 냅니다.

'가르치는 자'는 정답을 가르치고 성경적 지식을 체계화하는 데 목적을 둡니다. 이 경우 제자훈련은 하나의 '학습 코스'로 전락할 위험이 있습니다. '순종하는 자'는 훈련자가 먼저 하나님께 순종하며 경험한 '살아 있는 생명력'을 전수합니다. 순종을 통해 맛본 하나님의 신실하심과 은혜를 훈련생들에게 흘려보내는 것입니다. 제자훈련은 지식을 가르치는 시간이 아니라, 훈련자가 먼저 경험한 '순종의 기쁨'을 훈련생들도 맛보게 하는 영적인 전염의 과정입니다.

훈련자가 가르쳐야 한다는 유혹을 내려놓고 하나님께 가장 먼저 순종하는 자가 될 때, 제자훈련생들은 자신들이 닮아야 할 '예수의 제자'로서의 스승을 만나게 됩니다. 훈련생은 훈련자의 '입'에서 나오는 말이 아니라, 훈련자의 '삶'이 향하는 방향(순종)을 따라가게 됩니다. 훈련자가 하나님께 깊이 순종할수록, 그 훈련을 통해 배출되는 제자들역시 세상 속에서 하나님의 말씀에 철저히 순종하는 강력한 군사로 세워질 것입니다.

◀ **19장 요약** ▶

기계적인 지식 전달과 커리큘럼 복제에서 벗어나, 성령님이 지체들을 연결하시는 '유기적 역동성'을 회복해야 합니다.

'교재 중심'에서 '성령님의 가르치심'으로 나아가야 합니다. 정해진 진도를 나가는 '코스'보다, 지금 이 순간 성령님이 역사하시는 '카이로스(결정적 순간)'에 민감하게 반응하여 성령의 음성을 듣는 훈련이 되어야 합니다.

'인간 교사'에서 '성령님 주도'로 나아가야 합니다. 훈련자는 자신의 지식과 경험을 내려놓고, 성령님이 훈련생의 심령을 조명하시도록 돕는 '성령님의 조력자'이자 '영적 가이드'가 되어야 합니다.

'인위적 통제'에서 '성령님의 인도'로 나아가야 합니다. 훈련생을 훈련자의 모습으로 '복제'하려는 통제를 멈추고, 성령님이 각 사람에게 주신 고유한 은사와 개성을 꽃피우도록 인도하심에 맡겨야 합니다.

'교회 안 사역자'에서 '세상 속 선교적 제자'로 나아가야 합니다. 교회라는 게토(Ghetto)에 머물지 않고, 삶의 현장(가정, 직장 등)으로 파송되어 하나님 나라의 가치를 심는 '생활 선교사'를 양성해야 합니다.

'지적 동의'에서 '능력과 치유의 체험'으로 나아가야 합니다. 단순한 교리적 인정을 넘어, 성령의 권능으로 내면의 쓴 뿌리가 치유되고 삶의 위기 앞에서 영적 야성을 발휘하는 실천적 제자를 세워야 합니다.

▦ 질문 ▦

1. 제자훈련에서 '유기적 역동성'이란 무엇이며, 왜 성령님의 주도하심이 중요합니까?

2. 기존의 '교재 중심' 제자훈련과 '성령님 인도 중심' 제자훈련의 가장 큰 차이는 무엇입니까?

3. 훈련자가 먼저 '순종하는 자'가 되어야 하는 이유와, 그것이 훈련생에게 미치는 영향은 무엇입니까?

“교회는 그의 몸이니

만물 안에서 만물을 충만하게 하시는 이의 충만함이니라”

- 에베소서 1장 23절 -

20장

마치는 말

『성령님이 주도하시는 제자훈련』이라는 책을 쓴 것은 전적인 하나님의 은혜였습니다. 이 책은 나의 지식과 지혜와 경험으로만 쓴 것이 아니라 전적으로 성령님의 깨닫게 하심과 성령님의 인도하심으로 쓰게 된 것임을 다시 한 번 고백하면서 성령님께 감사를 드립니다. 성령님의 역사가 없었다면 내 힘으로 이 책을 쓸 수도 없고, 쓸 용기도 갖지 못했을 것입니다.

제자훈련 커리큘럼과 교재를 끝내는 것이 제자훈련의 끝이 아닙니다. 이제부터 제자훈련을 마친 훈련생들에게 성령님이 동행하시고, 성령님이 역사하시는 일이 본격적으로 일어나야 합니다. 그러므로 진정한 제자훈련은 훈련받은 자답게 예수님의 제자로 살아가는 것으로 계속 이어져야 합니다.

성령님이 주도하시는 제자훈련은 훈련을 통해서 훈련자나 훈련생이 완벽해지는 것이 아니라 우리의 약함을 성령님께 계속해서 내어 드리는 과정임을 알아야 합니다.

오늘날 한국 교회의 제자훈련이 한계점에 다다랐다는 말이 많이 나오고 있습니다. 제자훈련을 시켜도 사람이 변하지 않는다는 것입니다. 성품이 변화되고 삶이 변화되고 능력이 변화되어야 하는데 그렇지 않다는 것입니다. 그래서 많은 교회와 뜻있는 사역자들이 이 문제를 해결하려고 여러 가지 제자훈련의 혁신적인 변화도 시도하고, 제자훈련을 담당할 사역자들을 수준 높게 재무장시키고, 여러 가지로 훌륭하고 수준 있는 프로그램을 진행하고 세미나를 열어 보기도 하지만 아직 뾰족한 수가 나오지 않고 있는 상황입니다. 이제 제자훈련은 저물어 가는 것이 아닌가, 제자훈련의 수명이 다 된 것은 아닌가, 제자훈련은 실패해 버리고 만 것은 아닌가, 이런 안타까운 소리가 여기저기서 나오고 있는 실정입니다.

그러나 성령님은 오늘도 우리를 격려하시고 소망을 주십니다. '원래부터 제자훈련은 내가 주도해야 하는 훈련이야, 내가 주도할 테니 놀라운 변화의 역사를 지켜보고 체험하기를 바란다.' 이 성령님의 음성에 우리는 "맞습니다. 이제부터 성령님이 제자훈련을 하십시오"라고 제자훈련을 성령님께 전적으로 맡겨야 합니다.

이 책의 마지막 문장을 적으며, 저는 가장 먼저 저 자신의 연약함을 고백합니다. 성령님께서 전적으로 하셨음을 다시 한 번 고백합니다. 모든 영광을 하나님께 올려 드립니다.

참고 문헌

박행렬.『크리스천을 위한 치유사역 노트』. 파주: 좋은땅, 2018.

박희규.『한국 교회 제자훈련, '방법'에서 '본질'로 회귀해야』.『주간 리포트』제156호. 목회데이터연구소, 2022.

옥한흠.『디사이플(Disciple)』. 국제제자훈련원, 2004년 2월호.

옥한흠.『사역훈련 교재 1: 성령, 새 생활의 열쇠』. 서울: 국제제자훈련원, 2005.

옥한흠.『사역훈련 인도자 지침서 1: 성령, 새 생활의 열쇠』. 서울: 국제제자훈련원, 2005.

옥한흠.『제자훈련 인도자 지침서 2: 아무도 흔들 수 없는 나의 구원』. 서울: 국제제자훈련원, 2005.

옥한흠.『평신도를 깨운다』. 서울: 국제제자훈련원, 2019.

옥한흠.『평신도를 깨운다 제자훈련 교재 2: 아무도 흔들 수 없는 나의 확신』. 서울: 국제제자훈련원, 2005.

이영호. 『성령의 조명 사역을 통한 제자양육의 본질 연구: 앤드류 머레이의 영성을 중심으로』. 『복음과 교육』 제12권(2021).

그루뎀, 웨인(Wayne Grudem). 『신약성경이 가르치고 지금도 사용되고 있는 예언의 은사』. 김동수·김윤아 공역. 서울: 복있는사람, 2011.

리차즈, 로렌스 O.(Lawrence O. Richards)·게리 브레디어스. 『창의적인 성경 교수법』. 임창호 역. 서울: 디모데, 2010.

머레이, 앤드류(Andrew Murray). 『나를 제자 삼으소서』. 백종국 역. 서울: 크리스천다이제스트, 1995.

바클레이, 윌리엄(William Barclay). 『바울의 생애와 사상』. 서기산 역. 서울: 기독교문사, 1990.

브루스, F. F.(F. F. Bruce). 『바울: 자유의 사도』. 박문재 역. 서울: 복있는사람, 2011.

심슨, 앨버트(Albert B. Simpson). 『성령: 위로부터 오는 능력』. 김원주 역. 서울: CH북스, 2020.

토레이, R. A.(R. A. Torrey). 『성령의 인격과 사역·성령론 설교』. 장광수 역. 서울: CH북스, 2001.

헤이포드, 잭(Jack Hayford) 편. 『프뉴마 성경』. 정인찬 역. 서울: 넥서스CROSS, 2014.

『비전성경사전』. 서울: 두란노서원, 2003.

『성경전서』(개역개정판). 서울: 대한성서공회, 2005.

『쉬운성경』. 서울: 아가페출판사, 2004.

『현대인의성경』. 서울: 생명의말씀사, 1997.

성령님이 주도하시는
제자훈련

초판 1쇄 발행 2026년 3월 31일

지은이   노경모
펴낸이   이기봉
편집   좋은땅 편집팀
펴낸곳   도서출판 좋은땅
주소   서울특별시 마포구 양화로12길 26 지월드빌딩 (서교동 395-7)
전화   02)374-8616~7
팩스   02)374-8614
이메일   gworldbook@naver.com
홈페이지   www.g-world.co.kr

ISBN   979-11-388-5621-8 (03230)